Les Cahiers Dr. Good! Michel Cymes

W0355822

Julie Martory

Le stress, je gère !

Illustrations :
Laure Dorin (intérieur)
Kei Lam (couverture)

SOLAR EDITIONS

Sommaire

Le mot de Michel Cymes

Le stress ? C'est le mal moderne le mieux partagé ! Si je me réfère à l'une des dernières études[1] sur le sujet, plus d'un salarié sur deux dit connaître des périodes de stress au travail, et un sur quatre vit carrément dans l'hyperstress. Ce n'est bien sûr pas une sinécure au quotidien – ni pour soi, ni pour son entourage ! On peut même dire que parfois, le stress nous pourrit littéralement la vie. Mais lorsqu'il devient chronique, il va beaucoup plus loin : c'est une véritable petite bombe à retardement pour la santé. Le cœur, le système digestif, l'immunité, les neurones, la peau... : il s'en prend à tout, sans pitié.

Alors oui, me direz-vous, dans nos sociétés hyperconnectées, hyperproductives, le stress est incontournable. C'est même parfois un moteur, un gage de notre degré de perfectionnisme, de notre implication professionnelle. Mais non : être stressé à longueur de temps n'est pas normal. Ni nécessaire. Il existe des solutions pour combattre ce stress. Il n'y a pas de pilule miracle (on l'attend toujours, comme celle pour maigrir...), c'est un travail de tous les instants pour ne pas laisser la machine à stress s'emballer (elle est très forte pour ça). Mais le jeu en vaut la chandelle. Votre corps vous dira merci. Et vos proches aussi...

L'autodiagnostic

Quel est votre niveau de stress ?

Stressé, vous ? Vous l'êtes forcément un peu puisque vous tenez ce livre dans vos mains… Mais à quel point ? Évaluer votre niveau de stress actuel est un premier pas pour prendre conscience de son impact sur votre quotidien, votre bien-être, votre santé. Et bien sûr, agir en conséquence.

Vous avez une présentation devant une salle de 20 personnes.

- Vous n'en dormez pas depuis des jours.
- C'est un nouveau challenge, super galvanisant !
- Vous relisez une dernière fois votre présentation PowerPoint.

Avoir l'impression d'être incapable de contrôler des choses importantes dans votre vie vous arrive :

- Quasiment jamais.
- De temps en temps.
- Souvent.

Le matin, vous vous réveillez :

- Plutôt du bon pied.
- En mode to-do list déclenché dès le matin. Vivement ce soir !
- Difficilement. La fonction *snooze* de votre réveil est votre meilleure amie.

Après une période de stress :

- Vous avez tendance à analyser ce que vous auriez pu faire autrement pour améliorer la situation.
- Vous arrivez à décompresser facilement et savourez même ce moment.
- Le stress n'est jamais fini, c'est un état perpétuel !

Un dégât des eaux dans votre appartement. Votre première réaction :

- Pas de panique, les assurances sont là pour ça.
- Sur vos gonds, vous allez sonner chez le voisin. Vous n'aviez pas besoin de ça !
- Appeler l'assurance, faire le constat, trouver un artisan, vider la pièce : illico, vous établissez mentalement la liste des tâches à effectuer.

Des moments pour vous, vous en prenez :

- Quasiment jamais, ça ne rentre pas dans votre emploi du temps de ministre !
- De temps en temps, quand vous sentez que vous en avez vraiment besoin.
- Une fois par semaine, c'est votre soupape de décompression. Indispensable pour ne pas exploser !

Le temps est plutôt :

- Votre pire ennemi. Vous courez sans cesse après.
- Votre allié. Avec lui, les choses finissent toujours par s'arranger.
- Un outil qu'il faut dompter avec une organisation au carré.

Manger un paquet de gâteaux devant votre série, cela vous arrive :

- De temps en temps.
- Tous les soirs.
- Jamais. Vous préférez une bonne tisane.

Le soir, vous vous endormez :

- Comme un bébé.
- Difficilement. Vous refaites le film de la journée et anticipez celui du lendemain.
- Vous êtes tellement fatigué que vous vous écroulez.

Votre N+1 a embauché une nouvelle recrue dans votre service.

- Super, cela va alléger votre charge de travail.
- Vous imaginez tout de suite le pire : vous êtes sur un siège éjectable.
- Des embauches dans une boîte, c'est un signe de bonne santé économique. Mais restons sur nos gardes…

Comment va votre corps ?

- Vous avez tendance à lui prêter attention uniquement lorsqu'il tire la sonnette d'alarme.
- Vous le considérez avant tout comme un outil de travail. Il faut qu'il tienne !
- Vous savez l'écouter et lui donner ce dont il a besoin quand il le faut.

Selon vous, la meilleure stratégie antistress, c'est :

- L'organisation : tout prévoir et calibrer au millimètre près pour éviter les mauvaises surprises.
- Le lâcher-prise : il faut accepter de ne pas pouvoir tout contrôler.
- La compensation : il faut absolument avoir une échappatoire pour évacuer son stress.

Faites les comptes

 = 1 point	 = 2 points	 = 3 points

De 12 à 20 points : vous êtes plutôt zen (profil 1)

Vous faites preuve d'une capacité de lâcher-prise et d'adaptation vous permettant d'appréhender plutôt avec sérénité les aléas de la vie et les défis du quotidien. Mais comme tout un chacun, certaines situations déclenchent en vous une réaction de stress parfois inadaptée. Quelques outils simples comme la respiration abdominale (voir p. 36), l'exercice trac-tac en sophrologie (voir p. 38) ou encore la digitopuncture (voir p. 44) vous permettront de désamorcer la tension dès qu'elle se présentera et ainsi d'éviter d'être débordé par ce stress.

De 20 à 28 points : vous gérez votre stress, mais pour combien de temps ? (profil 2)

Pour l'instant, vous arrivez à dompter votre stress, mais c'est à force d'efforts et d'organisation. Cela vous donne un sentiment de contrôle qui vous rassure et permet aux choses d'aller plus ou moins bien. Cette stratégie d'adaptation est cependant difficile à tenir, physiquement et psychiquement, sur la durée. Et il suffit d'un petit grain dans cette mécanique bien huilée pour que tout déraille. Votre première mission : faire baisser la pression et accepter de lâcher prise sur certaines choses (voir pp. 32 et 59). Le sport (voir p. 39) et la pratique régulière de la cohérence cardiaque (voir p. 55) sont également tout indiqués pour gagner en sérénité.

De 28 à 36 points : vous vivez dans un stress quasi permanent (profil 3)

Constamment tendu, débordé et fatigué, le quotidien est pour vous une bataille : à chaque jour son mur à gravir. Le stress présent ne suffit pas : vous avez tendance à l'anticiper. Il devient urgent de vous attaquer à votre stress, sur tous les fronts : stoppez votre petite roue mentale qui tourne sans cesse à l'aide de la méditation (voir p. 31), prenez conscience que votre perception de la situation est parfois erronée (voir p. 57), accordez-vous des moments de répit pour évacuer les tensions (voir p. 47), boostez votre confiance en vous, etc. À la clef : un bien-être retrouvé !

Partie 1

Le stress, de quoi on parle ?

Dans toute bonne stratégie, il faut bien cerner l'ennemi avant de s'y attaquer. Le stress ? Une réaction de défense de l'organisme qui, sur la durée, finit par se retourner contre lui. Ses armes ? Des hormones multiples qui vont déclencher une série d'attaques ciblant les différentes fonctions de l'organisme.

Chapitre 1

Une réaction de défense

Désigné comme un fléau de nos vies modernes, on oublie qu'à la base, le stress nous veut du bien. Mécanisme d'alerte, il nous permet de sauver notre peau face à un danger. Merci qui ?

Notre sésame de survie

Le stress, c'est utile… et même vital !

L'homme préhistorique qui prend ses jambes à son cou pour fuir un terrible mammouth : c'est souvent l'image que l'on utilise pour illustrer le stress, un mécanisme d'alerte, d'adaptation et de défense vital. Anachronique ? Disons alors courir pour attraper son RER, piler devant une voiture ou mettre les bouchées doubles afin de rendre un dossier. Peu importe, le mécanisme reste le même : le stress est un phénomène biologique qui permet au corps de maintenir son équilibre quoi qu'il arrive. Face à une situation hostile, inconnue, imprévue, il déclenche une série de modifications physiologiques. Le but : aiguiser vos sens pour percevoir au mieux le danger, trouver la solution la plus adaptée (résister, se battre, fuir…) et mobiliser toutes vos ressources pour y faire face.

UNE DÉCOUVERTE FRANÇAISE !

Le stress est étudié depuis le XIXe siècle seulement. Cocorico : c'est le physiologiste français Claude Bernard qui fut le premier à décrire le concept d'homéostasie, cette capacité du corps à s'adapter pour conserver son équilibre. L'Américain Walter Cannon identifie quant à lui le rôle de l'adrénaline dans cette réponse qu'il nomme « combat-fuite » (*fight or flight response*). En 1948, le Canadien Hans Selye définit le « syndrome général d'adaptation », renommé en 1950 « stress ».

Quand le système sympathique donne l'alarme

Machinerie complexe, le stress fait intervenir à la fois des processus nerveux et hormonaux. Les deux systèmes agissent de façon complémentaire dans un seul but : survivre ! Côté nerveux, c'est le système sympathique qui est aux commandes. Aux côtés de son acolyte, le système parasympathique, il est l'un des acteurs du système nerveux autonome (ou « végétatif »). Avec leur vaste réseau de nerfs, ils interviennent dans un grand nombre d'activités physiologiques inconscientes : respirer, faire battre le cœur, activer les mouvements du tube digestif, etc. Contrairement au flegmatique parasympathique qui calme l'organisme en induisant un ralentissement général de toutes les fonctions, le système sympathique lui donne un coup de boost. Lors d'un pic de stress, il donne l'alarme et met l'organisme en branle-bas de combat.

L'hypothalamus prend les commandes

À peine plus grosse qu'un petit pois, l'hypothalamus est une petite glande située à la base du cerveau. Petite, mais essentielle ! C'est en quelque sorte le pont entre le système nerveux autonome et le système endocrinien. Via ses hormones, elle contrôle une autre petite glande située juste en dessous : l'hypophyse, qui envoie à son tour des ordres aux organes et aux glandes, notamment aux corticosurrénales, la partie externe des glandes surrénales situées au sommet de chaque rein. Lors d'un épisode de stress, chacun de ces trois acteurs va jouer un rôle clef en déclenchant la sécrétion d'hormones et de différents neurotransmetteurs (les messagers qui permettent aux neurones de communiquer entre eux), qui à leur tour vont entraîner des modifications physiologiques : accélération du rythme cardiaque, mobilisation de l'énergie, aiguisage des sens, etc.

Une armée d'hormones au front

De très nombreuses hormones et multiples neurotransmetteurs interviennent dans les mécanismes du stress, mais on retiendra ces trois principaux :

La noradrénaline et l'adrénaline : les lanceurs d'alerte

Toutes deux font partie d'une famille d'hormones appelées « catécholamines ». Face à un agent stresseur, elles mettent en quelques secondes seulement le corps en état d'alerte : accélération du rythme cardiaque, élévation de la pression artérielle, dilatation des bronches, augmentation du glucose sanguin, dilatation des pupilles, etc.

BONNE NOUVELLE

L'effet « adrénaline »

Le stress a aussi du bon ! Sous la pression, vous êtes souvent plus efficace, plus concentré, plus productif ? Normal, c'est l'effet positif du stress. C'est aussi lui qui permet aux sportifs d'être à leur meilleur niveau lors d'une compétition. Le dopage au naturel !

Le cortisol : les renforts

Ce glucocorticoïde est sécrété dans un second temps (une dizaine de minutes après, en moyenne) par les corticosurrénales. En convertissant le gras en sucre, il vient prêter main-forte aux catécholamines pour mobiliser l'énergie nécessaire afin de réagir à la situation stressante.

Une réaction en trois phases

La phase d'alarme : le bon coup de fouet

Face à une situation, votre cerveau, et plus particulièrement une petite structure nommée *locus cœruleus*, procède à une rapide analyse : ai-je déjà vécu cette situation ? Est-elle dangereuse pour moi ? Si oui, les *warnings* s'allument. Des impulsions nerveuses stimulent l'hypothalamus, qui donne alors à l'hypophyse l'ordre de déclencher le système sympathique. Résultat : les terminaisons nerveuses des organes sécrètent de la noradrénaline, ce qui active la synthèse d'adrénaline par les glandes surrénales. Le duo de catécholamines (adrénaline + noradrénaline) entraîne alors une série de réactions : la fréquence cardiaque s'accélère, les vaisseaux sanguins se dilatent, la respiration s'emballe, les muscles se contractent, les pupilles se dilatent, la sensibilité à la douleur diminue, le foie libère du glucose, etc. Le but : mettre tous vos sens en alerte et mobiliser vos ressources pour lutter ou fuir. Toutes les autres fonctions inutiles à ce moment précis – la libido, la digestion, l'immunité, la croissance – sont mises en veille.

- Cette phase d'alarme peut durer de quelques minutes à quelques heures. Lorsque le danger est écarté, le système parasympathique reprend le dessus. Le calme après la tempête…

PHASE D'ALARME

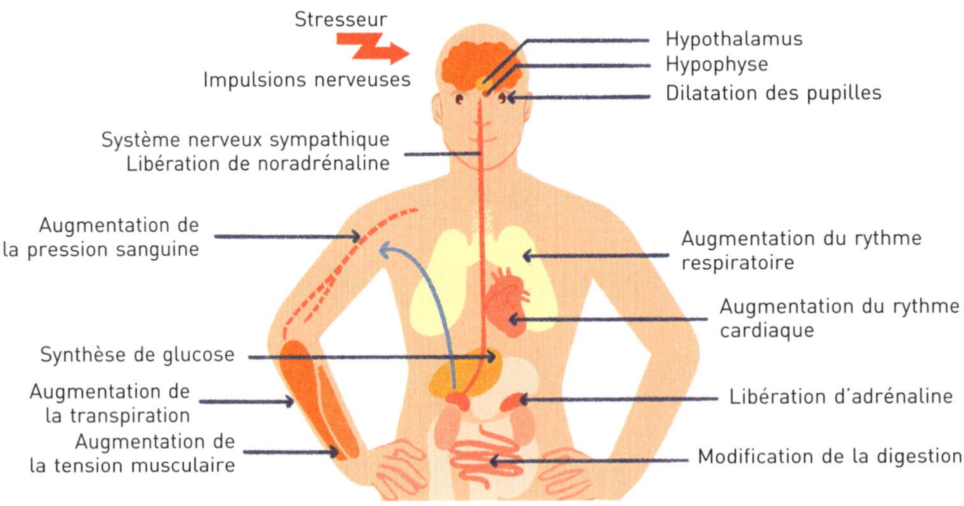

La phase de résistance : on passe en mode survie

Si le stimulus stressant persiste, vous entrez dans la phase dite « de résistance ». Votre corps se concentre sur l'essentiel : s'adapter à la situation pour survivre. Nouvelle réaction domino : l'hypothalamus sécrète de la corticolibérine, qui va déclencher la libération par l'hypophyse de l'hormone corticotrope (ACTH). Cette décharge d'ACTH va à son tour provoquer la libération du cortisol par les corticosurrénales. Celui-ci va permettre, entre autres, de mobiliser toute l'énergie nécessaire pour répondre aux besoins accrus des muscles, du cœur, du cerveau. Dans le même temps, le cortisol exerce une action de rétrocontrôle sur le cerveau : il freine, au-delà d'un certain seuil, la sécrétion d'ACTH par l'hypophyse. Ainsi, l'organisme n'est pas inondé d'hormones du stress.

- Durant cette seconde phase, qui dure le temps que votre stress persiste, vous êtes particulièrement vulnérable, car votre corps fonctionne littéralement en surrégime.

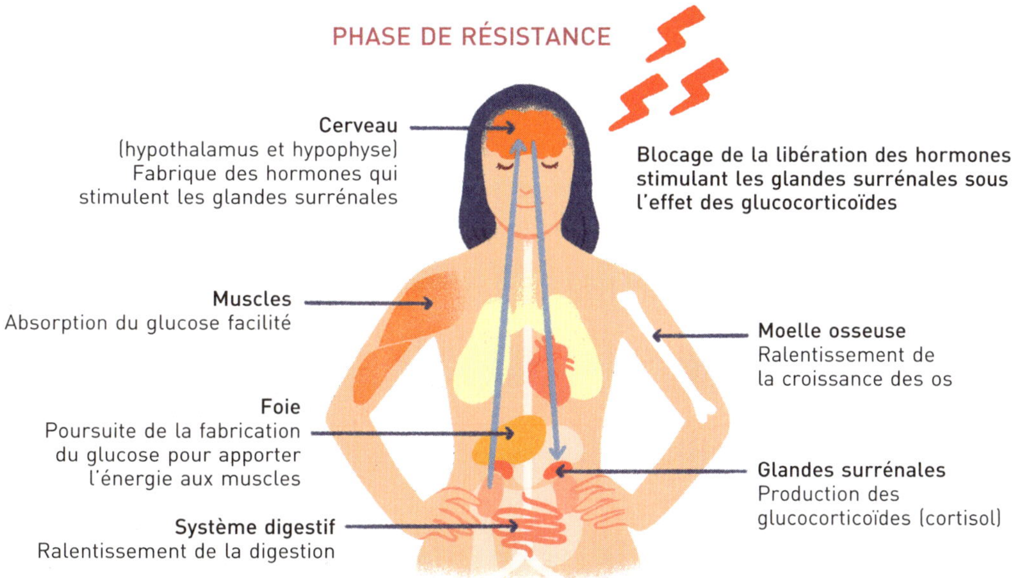

La phase 3 : stop ou encore

Si la situation stressante disparaît, le calme revient. Le système parasympathique reprend le dessus, les hormones du stress diminuent. Il est temps de récupérer de toutes ces émotions ! Si la situation stressante se prolonge ou s'intensifie, le stress devient chronique et votre organisme entre en « phase d'épuisement ». Sursollicité, il ne peut plus faire face. Il produit toujours plus d'hormones, son système de rétrocontrôle est dépassé. Les défenses diminuent, la fatigue s'installe, et les problèmes peuvent alors apparaître.

Chapitre 2

À chacun son stress

«Trois cents millions d'agents stresseurs, et moi et moi et moi.» Ce pourrait être la petite rengaine du stress ! D'un côté une multitude de situations qui peuvent déclencher un stress, de l'autre, vous avec votre caractère, votre vécu, vos forces et vos faiblesses. Tout est une question de perception.

Des sources très variées

Tout ce qui bouleverse notre équilibre

La découverte d'une contravention sur votre pare-brise, des travaux dans la maison, l'annonce d'une grave maladie, un accident de voiture, un emploi du temps surchargé, un entretien d'embauche, un décès, etc. : il existe des milliers et des milliers d'agents stresseurs. Pour résumer, tout ce qui est susceptible de mettre à mal votre équilibre, votre bien-être, voire votre survie, tout ce qui vous paraît au-delà de vos ressources personnelles peut déclencher une réaction de stress. Le stimulus de stress peut donc être physique ou psychique, plus ou moins intense, négatif ou positif, ponctuel ou permanent, concerner différents domaines de votre vie (travail,

LE STRESS POST-TRAUMATIQUE, C'EST AUTRE CHOSE

Il désigne un trouble anxieux sévère survenant à la suite d'un évènement traumatique : attentat, bombardement, guerre, catastrophe naturelle, viol. La personne peut en avoir été directement victime ou le témoin. Typiquement dans le cas des attentats du 13 novembre, ce peut être un survivant, un membre des équipes de secours... Insomnies, cauchemars, irritabilité, isolement, parfois dépression sont alors présents plusieurs jours, semaines ou mois. Une prise en charge spécifique est souvent nécessaire pour atteindre la «résilience», cette capacité à surmonter un traumatisme.

vie amoureuse, vie familiale, loisirs, sport...). Ce qui fait, évidemment, beaucoup de situations potentiellement stressantes !

C.I.N.E. : les quatre ingrédients du stress

Il existe de multiples sources de stress, mais elles ont un point commun : elles présentent une ou plusieurs de ces caractéristiques que l'on peut retenir facilement avec l'acronyme C.I.N.E. Et bien sûr, plus ces ingrédients s'additionnent, plus le stress est intense !

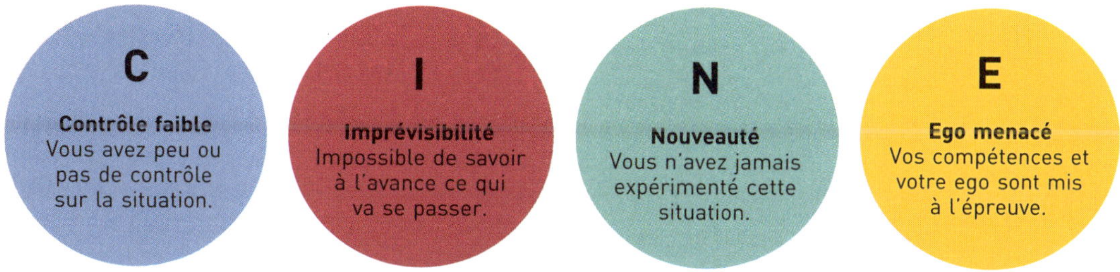

La charge mentale : un stress féminin

2017. L'auteure Emma publie sur les réseaux sociaux quelques planches de B.D., *Fallait demander*. Et là, soulagement, reconnaissance pour de nombreuses personnes – des femmes principalement : enfin, on met un mot sur cette réalité du quotidien trop bien connue, la « charge mentale » ! Les sociologues avaient depuis longtemps identifié cette double peine, ces « deux univers, l'univers domestique et l'univers professionnel, qui coexistent et empiètent l'un sur l'autre »[2]. Traduction dans la vie quotidienne : vous devez penser et gérer la vie familiale quand vous êtes au travail, et inversement. Résultat : vous avez constamment l'esprit sur le qui-vive, à planifier, à organiser, à anticiper tout pour toute la famille, ce qui génère bien évidemment un stress conséquent.

Quatre facteurs modernes qui font grimper le stress

L'hyperconnexion

Avec les mails, SMS et notifications, la quantité de demandes et la vitesse à laquelle on doit y répondre ne cessent d'augmenter, et ce, 24 heures/24 et 7 jours/7 si l'on ne se met pas de temps en temps en mode avion.

L'isolement

Hyperconnectés, nous n'en sommes pas moins parfois très seuls. On perd ainsi une arme précieuse face au stress : le soutien social.

La pression sociale

Dans nos sociétés modernes, on associe souvent sa valeur à son travail et à son statut social. Ce qui nous pousse à vouloir toujours plus – et donc à faire plus.

Le manque de sens

La charge de travail et les objectifs à tenir sont une grande source de stress professionnel, mais ce ne sont pas les seuls. Le manque de considération de la hiérarchie et la perte de sens viennent accentuer ce stress.

LES FRANÇAIS ET LE STRESS

QUATRE FRANÇAIS SUR DIX ONT VU LEUR NIVEAU DE STRESS AUGMENTER CES DERNIÈRES ANNÉES.

NEUF FRANÇAIS SUR DIX SE SENTENT STRESSÉS.

LES FEMMES (60 %) ET LES 25-34 ANS (57 %) SONT LES CATÉGORIES LES PLUS STRESSÉES.

LA VIE PROFESSIONNELLE (36 %), LES PROBLÈMES FINANCIERS (35 %), LA VIE PERSONNELLE (33 %), LES PROBLÈMES DE SANTÉ (31 %), L'INSÉCURITÉ (26 %), LA DIFFICULTÉ À CONCILIER VIE PROFESSIONNELLE ET VIE PERSONNELLE (21 %) ET LES TRANSPORTS (12 %) SONT À L'ORIGINE DE CE STRESS.

Source : sondage Opinionway réalisé du 4 au 6 octobre 2017 auprès d'un échantillon représentatif de 1017 personnes de 18 ans et plus.

Tout est une question de perception

Une réaction très subjective

Chacun réagit différemment face à une même situation. Prenons un entretien d'embauche : pour vous, c'est une source de stress extrême, quand pour votre ami, c'est une simple formalité. De même, vous pouvez vivre un évènement comme très stressant à un moment de votre vie, et l'appréhender sereinement à un autre. En effet, le stress ne se résume pas à une simple (façon de parler) réaction biologique et physiologique. D'autres facteurs entrent en jeu : votre caractère, votre vécu, vos capacités intellectuelles, vos ressources individuelles, votre état de santé, vos valeurs, croyances et facteurs culturels, vos conditions de vie, etc. Tous ces processus cognitifs et émotionnels vont d'abord jouer sur la façon dont vous allez percevoir ou non une situation comme stressante et, ensuite, la manière dont vous allez y réagir.

STRESS = STRESSEUR X STRESSABILITÉ
(votre perception de la situation et vos ressources individuelles)

L'agent stresseur = La situation	**Pouvez-vous agir dessus ?** NON, dans la plupart des cas.
Votre réaction de stress = Les réactions physiologiques dans votre corps	**Pouvez-vous agir dessus ?** OUI, il existe des moyens pour contrer ces réactions physiologiques et retrouver le calme.
Votre attitude = Votre perception de la situation en fonction de votre vécu, de votre caractère, de vos ressources, etc., et votre stratégie d'adaptation	**Pouvez-vous agir dessus ?** OUI, vous pouvez modifier votre perception des choses et augmenter vos ressources personnelles.

Avec une marge d'action

La bonne nouvelle : dans la mesure où le stress est une réaction subjective, vous avez donc une petite marge de manœuvre. Il y a la situation stressante, et VOUS. D'une part votre perception de la situation, d'autre part votre réaction. Vous voyez où l'on veut en venir ?

Chapitre 3

Pourquoi, en excès, le stress n'est pas bon

Bref et peu intense, le stress est un ami qui vous veut du bien. Mais lorsqu'il prend ses aises et s'installe, il change de visage. Il devient alors un ennemi qui va piller sans pitié vos mécanismes de défense et mettre le bazar dans tous vos systèmes physiologiques. Le risque : qu'il vous laisse au tapis !

Quand la phase d'épuisement s'installe

Stress aigu vs stress chronique

Piler net devant une voiture qui vous fait une queue de poisson : c'est typiquement une situation de stress aigu, où les hormones du stress vous ont mis dans un état d'hypervigilance et permis d'adopter le bon réflexe en un quart de seconde. Le problème, c'est lorsque la situation stressante se prolonge, se reproduit ou s'intensifie. Le stress s'installe et devient alors chronique. Submergé, vous avez constamment l'impression que la réalité dépasse vos moyens. C'est la phase d'épuisement : votre système nerveux sympathique est sursollicité, vos mécanismes d'autorégulation du cortisol sont dépassés, et votre organisme sécrète toujours plus d'hormones du stress. Vous passez en surrégime et c'est l'effet domino : tous vos autres systèmes (digestif, cardiaque, immunitaire, sexuel, etc.) sont impactés. Négativement, bien sûr.

Les méfaits possibles des hormones du stress en excès

Toutes les cellules

- Génèrent un stress oxydatif (production de radicaux libres qui abîment les cellules).

Cerveau

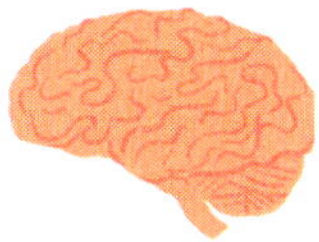

- Bloque la croissance de nouveaux neurones au niveau de l'hippocampe.
- Inhibe les récepteurs de sérotonine, l'hormone du bien-être.
- Perturbe la production de GABA, un anxiolytique naturel.
- Perturbe la synthèse de mélatonine pro-sommeil.

Système immunitaire

- Diminue la production de certaines cytokines (celles qui participent à l'élimination des virus).

Système cardiovasculaire

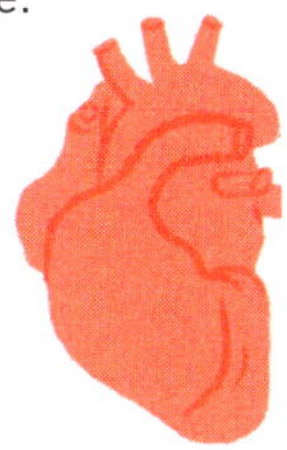

- Augmente la pression artérielle.
- Induit un rétrécissement des vaisseaux sanguins.
- Entraîne une hausse du mauvais cholestérol, une baisse du bon cholestérol.

Système digestif

- Ralentit le transit intestinal.
- Diminue l'assimilation des nutriments.
- Déséquilibre le microbiote intestinal.

Dans le sang

- Augmente le taux de glucose (ou glycémie).
- Entraîne une coagulation plus importante.

Os

- Diminue l'absorption du calcium.

Muscles

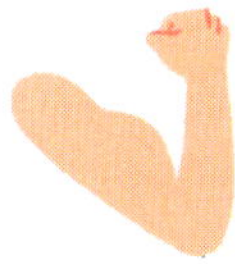

- Entraîne une contraction constante.

Peau

- Diminue la synthèse du collagène (élasticité de la peau) et de la mélatonine (réparateur cellulaire).
- Augmente la sécrétion de sébum (hydratation et protection de la peau).

Fertilité

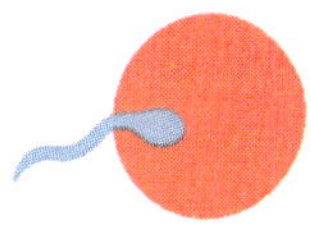

- Perturbe la sécrétion des hormones ovariennes.
- Perturbe la production de spermatozoïdes.

→ Les principales pathologies associées au stress chronique :

- Syndrome métabolique (hypertension + obésité abdominale + résistance à l'insuline + hypercholestérolémie).
- Maladies cardiovasculaires.
- Troubles musculo-squelettiques.
- Anxiété, dépression.

Des symptômes à garder à l'œil

Toutes ces modifications physiologiques peuvent se manifester par l'apparition de différents symptômes, dont voici les principaux. L'heure de faire un petit check-up ?

Symptômes physiques	Symptômes psychiques et émotionnels	Symptômes intellectuels
• douleurs musculaires, articulaires	• sensibilité à fleur de peau	• troubles de la mémoire
• maux de tête	• nervosité	• troubles de la concentration
• maux de ventre, ballonnements, spasmes, problèmes de transit	• angoisse	• difficulté à prendre des décisions
• troubles du sommeil	• tristesse	
• troubles de l'appétit	• excitation	
• sensation d'essoufflement ou d'oppression		
• tremblements, tics nerveux		
• perte de libido, impuissance		
• aménorrhée ou règles irrégulières		

Stress, anxiété, dépression, burn-out : on fait le tri !

L'anxiété : un sentiment de peur diffus

L'anxiété est liée à une émotion : celle de la peur, naturelle dans certaines situations. Le problème, comme pour le stress, c'est lorsqu'elle s'installe et impacte la vie quotidienne. C'est alors une peur diffuse, une boule au ventre permanente, cette sensation qu'un nuage noir survole sans cesse votre tête. Vous anticipez, vous imaginez le pire, échafaudez des scénarios pour l'éviter. On parle de trouble anxieux généralisé (TAG) lorsque l'anxiété devient une source de souffrance et de détresse au quotidien.

Le burn-out : un état d'épuisement intense

Un état de stress chronique peut mener à un burn-out, un état d'épuisement physique, émotionnel et mental. À la base, ce syndrome fut décrit dans le monde du travail, mais il s'observe aussi dans le cercle familial, avec le burn-out maternel. Une grande fatigue physique et mentale que le repos n'arrive plus à soulager, un manque d'attention et de motivation, un sentiment de vide, une irritabilité, des troubles du sommeil, l'impression de ne plus être à la hauteur, une tendance à l'isolement sont des signes évocateurs de ce trouble.

La dépression : un mal-être profond

Un stress intense et prolongé peut mener à une dépression, une «vraie» maladie à ne pas confondre avec la déprime, moment de blues passager. On parle de dépression en présence d'au moins cinq de ces symptômes tous les jours depuis au moins deux semaines :

- tristesse quasi permanente,
- perte de l'élan vital (perte d'intérêt et de plaisir à l'égard des activités quotidiennes, même celles habituellement plaisantes),
- troubles de l'appétit,
- troubles du sommeil,
- sentiments de dévalorisation et de culpabilité excessifs et inappropriés,
- ralentissement psychomoteur ou agitation,
- fatigue, souvent dès le matin,
- difficultés d'attention, de concentration et de mémorisation,
- idées de mort ou de suicide récurrentes, sentiment que la vie ne vaut pas la peine d'être vécue.

QUAND FAUT-IL CONSULTER ?

Si vous cumulez au moins cinq de ces symptômes, consultez ! Dès lors que votre mal-être, votre perte d'énergie, votre tristesse ont un impact sur votre quotidien et créent une souffrance, ne restez pas dans votre coin. Consulter est un premier pas pour aller mieux !

Chapitre 4

On a tout à gagner à mieux gérer le stress

Parce qu'il vous maintient tendu comme un arc, le stress vous gâche un peu la vie, c'est sûr. Et rien que pour cela, ça vaut le coup de le limiter. Lorsque vous prendrez conscience de tous ses méfaits sur votre santé, vous serez plus que convaincu : il est temps de s'y attaquer, et sérieusement !

Un corps au taquet

Vieillir… en temps voulu !

Un peu comme la touche avance rapide de votre télécommande, le stress agit comme un véritable accélérateur de vieillissement. Et l'on ne parle pas seulement de rides sur le visage : cela concerne toutes les cellules de l'organisme. Des études ont en effet montré que chez les personnes souffrant de stress chronique, les télomères, à savoir l'extrémité des chromosomes dont la longueur indique l'âge cellulaire, étaient anormalement courts. Traduction : le stress chronique use prématurément nos cellules, affectant au passage leur fonctionnement. En cause notamment : la production de radicaux libres (voir encadré p. 21).

EN CHIFFRES

Pour 45 % des Français, les pensées et cogitations nocturnes sont responsables de leurs problèmes de sommeil.

Pour 43 %, il s'agit du stress.

Source : enquête mondiale 2019 / Sanofi santé grand public pour Novanuit & Onepoll.

Requinquer son système immunitaire

Vous avez tendance à attraper le moindre microbe qui passe ? La faute au stress ! En excès, il affaiblit le système immunitaire, on le sait depuis longtemps. Et grâce à une étude expérimentale[3] réalisée par le centre d'immunologie de Marseille-Luminy (Inserm, CNRS, Aix-Marseille Université), on connaît enfin les mécanismes – ou du moins l'un d'eux – en jeu. Pour agir, les hormones du stress se lient à des récepteurs, dont les récepteurs à l'adrénaline β2 présents notamment sur les cellules immunitaires. Le souci : en se liant à ces récepteurs, les hormones du stress diminuent la réponse de certaines cellules immunitaires, les cellules NK (*Natural Killer*). Or, ces NK produisent normalement des cytokines (des molécules anti-inflammatoires) essentielles pour éliminer les virus. Stressé, votre organisme ne fait plus le poids pour mettre K.-O. les infections.

Retrouver les bras de Morphée

Vous ruminez et avez du mal à vous endormir → vous êtes fatigué → vous stressez car vous ne serez pas au top pour faire face aux défis du quotidien → vous ruminez ! C'est le cercle vicieux stress/problèmes de sommeil/stress. Sur l'oreiller, difficile en effet d'arrêter le hamster qui court sans arrêt dans votre petite roue mentale. Et les hormones du stress n'arrangent rien : l'adrénaline et le cortisol maintiennent votre cerveau en alerte et retardent la sécrétion de mélatonine, l'hormone pro-sommeil. Et si, pendant la nuit, le taux de cortisol décroît, encore faut-il que l'on dorme suffisamment ! Dormir six heures par nuit au lieu des huit heures recommandées augmente le taux de cortisol de 50 %. Bref : le serpent se mord la queue ! Pour passer du cercle vicieux au cercle vertueux, une seule solution : apprivoiser votre stress pour mieux dormir et chouchouter votre sommeil pour mieux gérer votre stress.

DITES-MOI DR.GOOD ?

Et le stress oxydatif, c'est pareil ?

Chaque cellule est une petite usine qui, pour fonctionner, a besoin d'oxygène. Problème : en présence d'oxygène, les cellules produisent des radicaux libres qui vont s'attacher à une molécule voisine qui devient à son tour un radical libre... et ainsi de suite. Or, cette réaction en chaîne, si elle n'est pas contrée par des substances antioxydantes (apportées notamment par l'alimentation), crée un trop grand nombre de radicaux libres et provoque un stress oxydatif qui va venir « rouiller » les cellules et en accélérer le vieillissement. De nombreux facteurs favorisent ce stress oxydatif : tabagisme, alimentation déséquilibrée, pollution, soleil, sport intensif et, devinez quoi ? Le stress !

Protéger son cœur

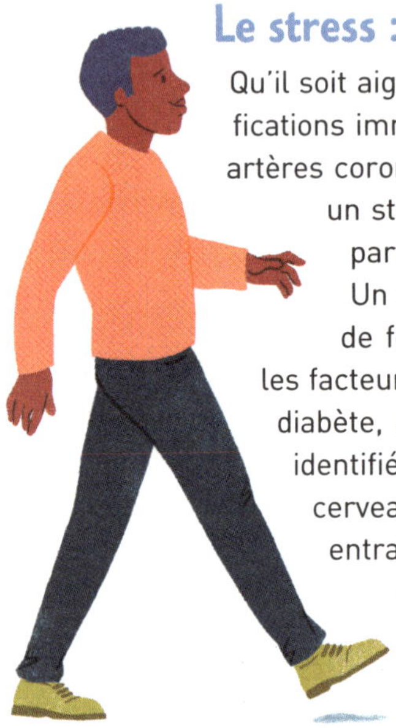

Le stress : l'ennemi n° 1

Qu'il soit aigu ou chronique, le stress met le cœur à rude épreuve. Par ses modifications immédiates (augmentation de la pression artérielle, rétrécissement des artères coronaires, diminution du volume sanguin, tendance du sang à coaguler), un stress aigu peut potentiellement déclencher un accident cardiaque. En particulier chez une personne déjà fragilisée ou avec des antécédents. Un classique : la crise cardiaque devant un match de Coupe du monde de foot ! Le stress chronique, lui, agit plus sournoisement en aggravant les facteurs de risques cardiovasculaires : hypertension, hypercholestérolémie, diabète, sédentarité, surpoids, tabagisme. Une étude de 2017[4] a par ailleurs identifié un autre mécanisme. En cas de stress intense, l'amygdale, zone du cerveau impliquée dans la gestion des émotions, stimule la moelle osseuse, entraînant une augmentation des globules blancs qui s'accumulent dans les artères où ils provoquent une inflammation menant à la formation de plaque d'athérome (dépôt graisseux sur la paroi interne d'une artère, qui entrave la circulation du sang), ce qui augmente le risque cardiovasculaire.

Tako-tsubo : quand le stress brise le cœur

Avoir le cœur brisé après une rupture amoureuse ou un divorce ? Ce n'est pas qu'une image ! Un stress émotionnel aigu peut en effet être à l'origine d'un « tako-tsubo ». Ce syndrome du cœur brisé, ou cardiomyopathie de stress, provoque des symptômes évocateurs d'un infarctus – essoufflement, douleur brutale dans la poitrine, arythmie, perte de connaissance, malaise vagal –, mais ce n'en est pas un. Le phénomène, tout autre, est directement lié au stress. Sous l'effet d'une libération massive d'hormones du stress, une partie du cœur ne se contracte quasiment plus. Il se ballonne et prend la forme d'une amphore, d'où le nom de *tako-tsubo*, « piège à poulpe », en japonais. En France, environ 2000 personnes seraient victimes du syndrome du cœur brisé chaque année.

IL VAUT MIEUX LE SAVOIR

Le cœur des femmes, particulièrement fragile face au stress

Leurs artères coronaires étant plus petites, les femmes sont plus vulnérables aux spasmes déclenchés par le stress. Celles souffrant de stress au travail ont un risque de contracter une maladie coronarienne accru de 40 %, et ce chiffre grimpe à 88 % pour celles qui font face à l'insécurité de l'emploi ou aux exigences de résultats[5].

Un mental et une silhouette au top

Bye bye petite bedaine

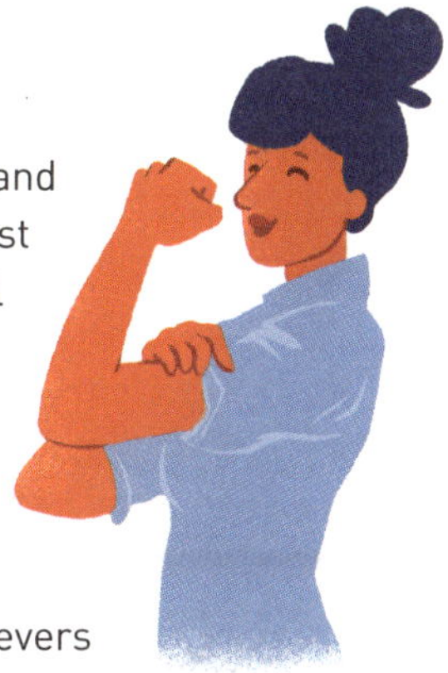

Se venger sur la tablette de chocolat après une journée stressante : un grand classique. Si le stress aigu coupe plutôt l'appétit, le stress chronique, lui, est générateur de grignotage. Normal lorsque l'on sait qu'en excès, le cortisol affecte la sécrétion de sérotonine, l'hormone du bien-être. On va alors chercher un peu de réconfort dans des « aliments doudous » qui ne sont pas les plus *light* : du sucré et du gras, c'est ce que le cerveau demande pour activer ses récepteurs du plaisir ! Le cortisol, encore et toujours lui, entraîne par ailleurs une augmentation du taux de sucre dans le sang pour vous fournir l'énergie nécessaire face à cette situation stressante. Revers de la médaille : cette hyperglycémie provoque à son tour une hyperproduction d'insuline (hormone produite par le pancréas pour réguler le taux de sucre dans le sang), qui à la longue favorise le stockage des graisses, surtout au niveau abdominal, où les adipocytes (les cellules qui stockent le gras) possèdent davantage de récepteurs pour le cortisol. Et ce particulièrement chez les femmes ! On sait aussi qu'en cas de stress répété, le cerveau sécrète en excès du NPY, une molécule appelée « neuropeptide Y » qui stimule l'appétit.

Bonjour, belle peau !

Le stress oxydatif et son armée de radicaux libres favorisent le vieillissement cutané, c'est bien connu. Mais le stress tout court aussi ! En cause toujours la sécrétion excessive de cortisol qui va perturber la synthèse du collagène, cette protéine garante de l'élasticité de la peau, et celle de mélatonine, puissant antioxydant et réparateur cellulaire. Résultat : rides et sillons se creusent plus rapidement. Et si le stress entraîne chez vous des troubles du sommeil, c'est la double peine, car c'est la nuit que la peau se régénère. Par ailleurs, le stress est reconnu comme facteur déclenchant ou aggravant de nombreuses maladies de peau : eczéma, psoriasis, dermite séborrhéique, poussées d'herpès, zona. Et même l'acné, puisqu'un stress intense entraîne une hypersécrétion de sébum, provoque une inflammation cutanée et retarde la cicatrisation. Un terreau plus que favorable pour une belle moisson de spots…

IL VAUT MIEUX LE SAVOIR

Un facteur aggravant

Les effets du stress chronique sont encore plus marqués chez les personnes qui risquent de développer une maladie chronique (diabète de type 2, hypertension, maladie cardiaque…). Le stress agit également comme un facteur aggravant ou déclenchant de nombreuses maladies : maladie de Crohn, psoriasis, eczéma, ulcère, asthme…

Garder les idées claires

Si le stress aigu permet de réfléchir et de réagir au quart de tour, un stress intense et prolongé finit par faire tourner le cerveau au ralenti... Les études l'ont prouvé : le stress chronique est associé à une dégénérescence structurelle et à un dysfonctionnement de l'hippocampe et du cortex préfrontal, deux zones clefs du cerveau qui participent, entre autres, à la mémoire. Impossible de vous rappeler le nom de cette personne ? Vous cherchez depuis une heure votre trousseau de clefs ? La faute au stress, encore ! Pire : à terme, le stress chronique entraîne un risque accru de développer des troubles neuropsychiatriques, comme la dépression et la démence.

LE STRESS ANTICIPÉ : MAUVAIS POUR LA PRODUCTIVITÉ !

Se réveiller stressé à l'idée de la journée qui vous attend : ce n'est pas cela qui vous rendra le plus efficace au travail, bien au contraire ! Cette propension à anticiper favorise dans la journée des problèmes de mémoire, même si in fine aucun évènement stressant n'a lieu ! La sensation de stress suffit à elle seule à perturber les fonctions cognitives.

Chapitre 5

Se faire aider

Lorsque le stress prend le dessus et vous enferme dans une spirale dont il vous paraît impossible de sortir seul, différentes aides sont possibles. Panorama rapide des principaux coups de pouce pour vous libérer de cette emprise.

Pousser la porte d'un psychologue

La psychothérapie classique : mieux se connaître

Chaque histoire, chaque individu étant différent, le stress peut être abordé de multiples manières en psychothérapie. Ce peut être un travail sur votre histoire personnelle afin d'identifier des pensées négatives, des valeurs qui influencent votre perception des choses et induisent une réaction de stress inadaptée. La psychothérapie pourra alors vous aider à modifier votre perception de votre environnement et à trouver de nouvelles ressources face aux défis du quotidien. Si les manifestations du stress sont physiques, ce peut être un travail corporel pour vous aider à retrouver le calme. Bien sûr, les deux approches peuvent être combinées.

En pratique

De quelques semaines à quelques mois, voire quelques années : la durée de la psychothérapie est très variable. Les psychothérapies dispensées dans les Centres médico-psychologiques (CMP) ou les hôpitaux de jour sont prises en charge par l'Assurance Maladie, mais elles sont généralement réservées à des troubles psychiatriques lourds. Les séances en cabinet privé ne sont pas remboursées. Leur tarif varie de 40 à 100 € la séance. Certaines mutuelles proposent un forfait de prise en charge.

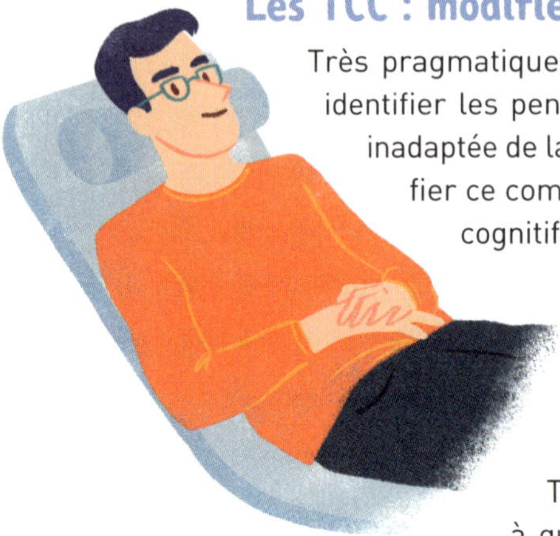

Les TCC : modifier son comportement

Très pragmatiques, les thérapies cognitivo-comportementales visent, primo, à identifier les pensées et les croyances erronées qui entraînent une perception inadaptée de la situation et donc un comportement inadéquat, secundo, à modifier ce comportement. Pour cela, le thérapeute propose des « exercices » : cognitifs pour cibler les pensées génératrices de stress (je suis nul, je ne vais jamais arriver à finir en temps et en heure), corporels avec des techniques pour ramener le calme, comportementaux pour apprendre à mieux s'affirmer, par exemple.

En pratique

Thérapie brève, une TCC dure généralement de quelques semaines à quelques mois. Les thérapeutes cognitivo-comportementalistes sont des professionnels de santé formés à la pratique de la TCC exerçant en hôpital, en CMP ou en libéral, avec les mêmes modalités de prise en charge qu'une psychothérapie classique. Compter 40 à 100 € la séance.

L'hypnose : puiser des ressources dans son subconscient

La gestion du stress est l'une des indications phares de l'hypnose. Elle induit une profonde relaxation sur le moment, puis permet de remodeler sa pensée au quotidien. Concrètement, pas de pendule : c'est avec ses suggestions que le thérapeute va vous amener dans un état modifié de conscience, entre veille et sommeil. Cet état particulier permet un lâcher-prise total : les barrières du conscient tombent et, déconnecté du mental, l'on atteint le subconscient. Un état où l'on peut contourner les résistances, remodeler les pensées négatives en pensées positives, booster son estime de soi.

En pratique

Quelques séances peuvent suffire pour un stress modéré. La pratique de l'hypnose est très hétérogène en France, avec des formations inégales. Mieux vaut se tourner vers un professionnel de santé (médecin, psychologue, psychiatre, infirmier…) ayant ajouté l'hypnose à sa formation initiale. Eux seuls ont le statut d'hypnothérapeute. Autre critère important : le feeling. Compter 40 à 100 € la séance.

Les prescriptions courantes

Le magnésium, le minéral antistress

Face à un patient stressé, fatigué, tendu, c'est l'un des premiers réflexes des docteurs : prescrire une petite cure de magnésium.

Minéral estampillé «antistress», il intervient dans plus de 300 réactions chimiques dont le passage de l'influx nerveux, la décontraction musculaire et la production d'énergie au sein des cellules. Le magnésium a également pour effet de diminuer hormones (cortisol notamment) et messagers du stress. Or, notre alimentation, trop transformée, est souvent carencée en magnésium. Sans oublier que le stress et sa cascade de réactions physiologiques favorisent sa fuite dans les urines. Encore un cercle vicieux faisant que le stress entretient le stress... Le top : du magnésium d'origine marine, associé à de la vitamine B6 et à de la taurine pour une assimilation optimale.

Des anxiolytiques pour apaiser

Lorsque le stress impacte le quotidien et génère une grande souffrance, des anxiolytiques, ou tranquillisants mineurs, peuvent être prescrits. Les plus couramment utilisés sont les benzodiazépines (Lexomil®, Xanax®, Valium®, Lysanxia® notamment). Ils agissent au niveau du système nerveux central, sur les récepteurs du GABA (le neurotransmetteur du calme) et viennent ainsi renforcer son action. Efficaces, ils permettent assez rapidement de calmer la tension nerveuse et physique et de retrouver le sommeil. Cependant, leur consommation régulière n'est pas dénuée d'effets secondaires : somnolence, troubles de l'équilibre, de la mémoire, risque de dépendance lorsque l'utilisation se prolonge au-delà de douze semaines.

EN CHIFFRES

18 % DE LA POPULATION PRÉSENTE UNE PARTICULARITÉ GÉNÉTIQUE, LA PRÉSENCE DU MARQUEUR HLA-B35, QUI ENTRAÎNE UNE MOINS BONNE RÉTENTION DU MAGNÉSIUM AU NIVEAU DES CELLULES. PAS DE CHANCE !

DITES-MOI DR.GOOD ?

Les benzodiazépines, la solution ?

Les benzodiazépines sont efficaces sur le moment – c'est pourquoi un Français sur cinq en consomme ! –, mais outre leurs effets secondaires, ils ne s'attaquent pas au fond du problème : les causes du stress et la manière dont on le gère. Un peu comme un pansement sur une plaie non désinfectée...

Les médecines énergétiques

L'acupuncture : lever les blocages

En médecine traditionnelle chinoise (MTC), la santé dépend de la bonne circulation du *qi*, cette énergie vitale qui parcourt le corps à travers des canaux, les méridiens. Le stress ? Un problème d'« embouteillage » énergétique. La consultation commence par un interrogatoire sur les manifestations du stress, les antécédents médicaux, mais aussi les émotions, car chacune est reliée à un organe. Après un bilan énergétique, le praticien va ensuite stimuler à l'aide de fines aiguilles des points précis afin de rétablir la bonne circulation du *qi*.

En pratique

On sort de la séance relaxé, mais plusieurs séances sont nécessaires pour un effet durable. L'acupuncture peut aussi se pratiquer en « entretien », avec une ou deux séances par an. Seul un professionnel de santé (médecin, sage-femme, dentiste) formé peut la pratiquer. Le tarif de la consultation varie de 40 à 120 €, en partie remboursés si elle est réalisée par un professionnel de santé conventionné de secteur 1.

La réflexologie plantaire : libérer les tensions

En réflexologie plantaire, chaque organe correspond à un point ou à une zone sur la voûte plantaire. Une pression des doigts sur un point particulier permet ainsi d'exercer une action à distance et de libérer les tensions, apportant une relaxation profonde. Les zones de l'hypophyse et de l'hypothalamus, situées au niveau du gros orteil, les zones correspondant aux glandes surrénales qui génèrent les hormones du stress, celle du diaphragme pour relâcher la respiration sont quelques-unes des zones clefs de la réflexologie antistress.

En pratique

Pour un stress modéré, quelques séances suffisent. En France, il n'existe pas de Diplôme d'État pour la profession. Compter 40 à 80 € la séance, non pris en charge.

Le shiatsu : régulariser l'énergie avec les mains

C'est du Japon – où il est reconnu comme médecine à part entière depuis 1954 – que nous vient le *shiatsu* (« pression des doigts » en japonais). Il partage avec la médecine traditionnelle chinoise ce principe : l'existence d'une énergie vitale (le *ki* en japonais) qui circule dans le corps à travers les méridiens. Simplement, le praticien en shiatsu va utiliser ses doigts et ses paumes pour exercer des pressions plus ou moins fortes, plus ou moins longues, en des points précis le long des méridiens afin de libérer l'énergie et de la régulariser.

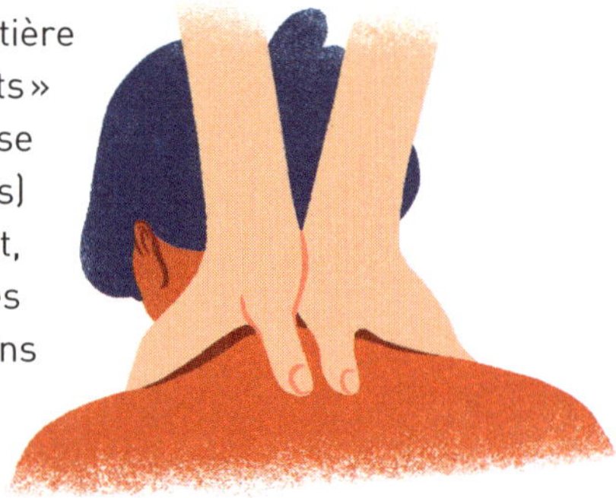

En pratique

Pour un stress modéré, quelques séances suffisent. La profession de praticien en shiatsu n'est pas encadrée en France. Compter 40 à 80 € la séance, non pris en charge.

L'ordonnance santé

Le stress ? On l'a bien cerné. Voici les quatre points à retenir pour mieux s'y attaquer.

1. *À petite dose, ça va.* Le stress correspond à une réaction normale de l'organisme face à une situation vécue comme menaçante. Les hormones du stress déclenchent une cascade de réactions physiologiques pour assurer votre survie.
2. *Mais trop, c'est trop !* Le stress est néfaste lorsqu'il devient chronique. Il maintient l'organisme dans un état de surrégime et impacte tous les systèmes : cardiovasculaire, immunitaire, digestif, etc. À la clef : de nombreux symptômes physiques et psychiques, voire des maladies.
3. *C'est une réponse individuelle.* Ce qui vous stresse est différent de ce qui stresse votre voisin. En fonction de votre caractère, de votre vécu, de vos conditions de vie, de vos pensées, vous appréhendez différemment les agents stresseurs et mettez en place une stratégie d'adaptation qui vous est propre.
4. *On peut agir !* Le stress étant une réponse subjective, vous pouvez travailler à modifier votre perception des choses et améliorer vos ressources individuelles. Et vous avez tout à y gagner : santé, énergie, bien-être physique et mental !

Votre premier petit bilan

Vos principaux symptômes de stress (physiques et psychiques) :

....

Les principaux agents stresseurs dans votre vie :

....

Les premières idées qui vous viennent à l'esprit pour les limiter :

....

Les bénéfices que vous attendez d'une meilleure gestion du stress :

....

Partie 2

Le coaching de Dr.Good!

Après avoir décortiqué la mécanique du stress, place à l'action ! Oui, la machine est complexe, ses mécanismes bien huilés et ses verrous parfois très résistants, mais avec une bonne boîte à outils, il est possible de casser le système et de changer les paramètres de fonctionnement. Tout au long de la journée, apprenez à maîtriser les gestes, techniques et habitudes antistress avec notre programme « 24 heures zen ».

Chapitre 1

Commencer la journée en toute sérénité

Chaque matin, c'est le même scénario : le réveil sonne, vous bougonnez, vous stressez à l'idée de la journée qui vous attend, puis vous foncez tête baissée. Et si vous ralentissiez pour instiller ici et là des moments de détente ? Oui, ça prend un peu de temps. Mais quelques minutes pour des heures de bien-être de plus, c'est peu cher payé, non ?

En mode zen dès le lever

Commencer la journée bien centré

Votre collègue, votre belle-mère, votre coiffeuse : ils ne jurent plus que par la méditation ! Effet de mode ? Pas vraiment. Ses bienfaits sont nombreux – notamment sur le stress – et validés par la science. Très utile si vous êtes **profil 3**. La méditation peut vous faire beaucoup de bien en vous aidant à stopper cette petite roue du mental qui alimente constamment votre stress.

Être dans le moment présent

Méditer, en quoi cela consiste précisément ? Difficile à expliquer, le mieux est de l'expérimenter ! Disons qu'il s'agit de diriger son attention sur tout ce qui se passe en soi à un instant T – les émotions, les sensations corporelles… – sans se laisser distraire par ses pensées ou des stimuli extérieurs. Comme c'est difficile (et c'est normal), l'esprit est plus éveillé que jamais pour dompter ce vagabondage et reporter son attention sur l'objet de sa concentration. On muscle son mental à s'ancrer dans l'« ici et maintenant ».

Les trois leviers antistress de la méditation

- **La pleine conscience.** Vous passez du mode « pilotage automatique » au mode « conscient ». Face à une situation, la méditation va vous aider à instaurer un temps de pause pour prendre du recul et éviter l'emballement de la réaction de stress.
- **Le lâcher-prise.** Vous prenez conscience que vos pensées ne sont que ce qu'elles sont : le fruit de votre mental et non la réalité. Vous apprenez à les observer avec détachement et à ne plus les laisser vous dominer et alimenter la machine du stress.
- **L'acceptation.** Ce détachement amène naturellement la résilience vis-à-vis des obstacles et des défis de la vie. Vous les acceptez, vous vous adaptez sans vouloir lutter à tout prix.

Trois minutes de méditation : le « sablier »

Installez-vous dans un endroit calme, assis confortablement, le dos droit (mais sans tension), les épaules relâchées, les mains sur les genoux.

1. Prise de conscience

- Prenez conscience des pensées qui viennent à votre esprit. Observez-les sans les juger.
- Prenez conscience de vos émotions. Nommez-les.
- Prenez conscience de vos sensations corporelles : douleur, tiraillement, détente…

2. Respiration

Concentrez-vous maintenant sur votre respiration. Ressentez l'air entrer dans vos narines, vos poumons se remplir, votre ventre se gonfler. Si des pensées, des émotions ou des sensations corporelles surgissent, laissez-les passer et reportez en douceur votre attention sur votre respiration.

3. Conscience élargie

Ressentez votre respiration s'élargir à tout votre corps. À chaque inspiration, il fait le plein d'énergie. Comment vous sentez-vous ? Prenez deux à trois respirations plus profondes, puis revenez dans la pièce. Avant d'ouvrir les yeux, posez une intention pour votre journée.

LE BON CONSEIL DE

Dr.Good!

Vous pouvez réaliser l'exercice du « sablier » plusieurs fois dans la journée. Pas simple de débuter la méditation tout seul ? Essayez avec une appli (Petit Bambou, Méditer avec Christophe André, Mindful Attitude, Pleine Conscience).

La salutation au soleil : *hello sunshine !*

Mettre la jambe derrière sa tête ? O.K., on ne va pas commencer par ça ! Peu importe, ce qui fait le yoga, ce n'est pas la souplesse, mais ces trois éléments : les postures, la respiration et la gestion des pensées. C'est cette harmonie du corps, du souffle et du mental qui permet d'atteindre l'« union » (le sens du mot *yoga* en sanskrit). Pourquoi ça déstresse ? Grâce à l'attention portée à la respiration et aux postures, le yoga calme le mental, il étire les muscles et les articulations contracturées par les tensions. Mais ses bénéfices vont bien au-delà : le yoga vise à atteindre un état de paix intérieure permettant de mieux comprendre ses besoins, de prendre de la distance avec les évènements. Sagesse = *no stress* !

Surya namaskar, la salutation au soleil

Incontournable, la salutation au soleil est une séquence de yoga pratiquée depuis des millénaires. Elle équivaut à une séance de yoga complète. Parfait pour se réveiller !

1. **Montagne (*tadasana*) :** debout, le dos droit, mains jointes au niveau de la poitrine, prenez quelques amples respirations.
2. **Montagne en extension (*urdhva hastasana*) :** inspirez, étirez les bras vers le ciel, joignez les mains, levez la tête.
3. **Pince (*uttanasana*) :** sur l'expiration, ramenez le buste vers vos cuisses, le dos droit, jambes tendues et mains au sol si vous le pouvez, ou genoux légèrement fléchis. Relâchez la tête.
4. **Demi-flexion debout (*ardha uttanasana*) :** inspirez, redressez la tête, ramenez votre dos à 90 °C.
5. **Planche (*kumbhakasana*) :** en sautant pieds joints ou en amenant un pied après l'autre vers l'arrière, passez en planche, les mains à hauteur des épaules, le corps formant une ligne droite.
6. **Bâton à quatre membres (*chaturanga dandasana*) :** expirez, pliez vos bras en gardant les coudes contre le corps. Abaissez lentement votre corps près du sol, sans le toucher. Si c'est trop difficile, posez vos genoux au sol.
7. **Chien tête en haut (*urdhva mukha svanasana*) :** posez buste et jambes sur

le sol. À l'inspiration, appuyez vos mains sur le sol, tendez vos bras et soulevez votre torse. Fermez les omoplates, penchez légèrement la tête en arrière.

8. **Chien tête en bas (*adho mukha svanasana*) :** sur une expiration, en vous appuyant sur vos doigts de pied ou les genoux, étirez les bras et les jambes comme une pyramide. Relâchez la tête.

9. **Demi-flexion debout (*ardha uttanasana*) :** en sautant les deux pieds joints vers l'avant ou en marchant, revenez en demi-flexion debout.

10. **Pince (*uttanasana*) :** sur l'expiration, ramenez le buste vers vos cuisses, le dos droit, jambes tendues et mains au sol si vous le pouvez, ou genoux légèrement fléchis. Relâchez la tête.

11. **Montagne en extension (*urdhva hastasana*) :** inspirez, étirez les bras vers le ciel, joignez les mains, levez la tête.

Enchaînez à votre rythme 2 à 6 cycles de suite, selon votre niveau. Respirez toujours par le nez.

Un petit déjeuner zen

De la dopamine pour se doper… en toute légalité

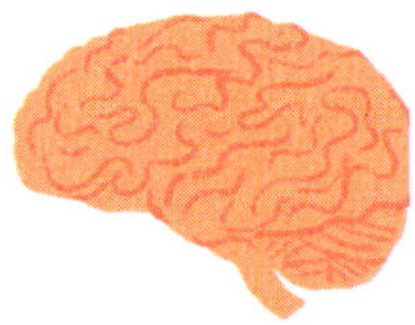

Votre assiette a un effet direct sur la biochimie de votre cerveau. Et donc, sur votre stress. Là, il est question de neurotransmetteurs, ces messagers qui permettent aux neurones de communiquer entre eux. Chacun a une fonction bien spécifique sur l'humeur, l'énergie, la motivation. Le rapport avec l'alimentation ? Ils sont fabriqués à partir de certains acides aminés (les composantes des protéines), dits « précurseurs ». D'autres micronutriments, dits « cofacteurs », participent également à leur fabrication. Il est donc important, primo, de ne pas manquer de neurotransmetteurs pour éviter coup de fatigue, baisse de moral et pic de stress, secundo, de privilégier le bon neurotransmetteur au bon moment. Le matin, misez sur des protéines (œuf, jambon, saumon fumé, fromage) pour un apport en tyrosine (un acide aminé) qui va permettre la synthèse de la dopamine (un neurotransmetteur), connue sous le nom de « molécule du bonheur ».

RIP la baguette

Le cerveau ? Un moteur qui consomme beaucoup avec une autonomie zéro. Il doit donc être approvisionné en permanence avec des glucides. Mais pas n'importe lesquels ! C'est ici qu'entre en jeu l'index glycémique (IG), valeur indiquant la capacité d'un aliment à augmenter la glycémie (le taux de sucre dans le sang) plus ou moins fort, plus ou moins rapidement. Sur une échelle de 0 à 100, les aliments à IG élevé entraînent une hausse rapide de la glycémie, suivie d'une forte sécrétion d'insuline (hormone qui régule la glycémie) qui déclenche à son tour une hypoglycémie réactionnelle (car l'insuline a retiré trop de sucre dans le sang). À la clef de ce yoyo de la glycémie : baisse d'énergie, coup de blues et pic de stress. L'idée est donc de privilégier les aliments à index glycémique bas pour une énergie à libération lente et continue. Mais pas en trop grande quantité le matin, pour ne pas augmenter la sécrétion de sérotonine et privilégier la synthèse de dopamine (sécrétée, elle, par les acides aminés des protéines).

On privilégie : aliments à IG bas à moyen	On évite : aliments à IG élevé
pain intégral, muesli nature sans sucres ajoutés, flocons d'avoine complets, pain de seigle, pain de son, pain multicéréales, pain complet ou intégral au levain	baguette, pain au chocolat, pain de mie blanc, pain de mie complet, biscottes, corn flakes et autres céréales sucrées

Le petit déjeuner antistress

- Une boisson chaude sans sucre pour se réhydrater.
- Une petite quantité de glucides à index glycémique bas à moyen pour de l'énergie toute la matinée.
- Des protéines, sources de tyrosine, précurseur de la dopamine.
- Un fruit frais pour des vitamines, minéraux, fibres et antioxydants.
- Quelques oléagineux pour des acides gras de qualité, du magnésium, des protéines végétales.

Trois exemples de petit déjeuner antistress

- **Classique** : deux tranches de pain à index glycémique bas ou moyen (voir tableau) + une noisette de beurre + une tranche de jambon ou un œuf dur + un fruit frais.
- **Céréales healthy** : muesli sans sucres ajoutés + 150 ml de lait + quelques oléagineux + un fruit frais.
- **Muesli maison** : un yaourt nature + trois cuillerées à soupe de flocons de céréales complètes (avoine, quinoa...) + trois cuillerées à soupe d'oléagineux (amandes, graines de courge, de sésame...) + un fruit frais peu sucré.

Transports : un voyage en douceur

De la musique dans les écouteurs

La musique adoucit les mœurs, et certaines plus que d'autres. Et ce n'est pas du metal qu'il vous faut, mais de la musique classique, particulièrement efficace pour ralentir la fréquence cardiaque, diminuer le taux de cortisol

LA MEILLEURE MUSIQUE POUR PLANER

Vous êtes plutôt musique lounge ? Misez sur *Weightless* de Marconi Union, le morceau le plus relaxant du monde selon une étude réalisée par la British Academy of Sound Therapy. Essayez : le morceau est disponible sur YouTube (mais pas en conduisant) !

et augmenter les sécrétions de dopamine et de sérotonine. On révise ses classiques avec cette petite playlist antistress :

- *La Sarabande*, de Haendel.
- *La Symphonie n° 40 en* sol *mineur (KV 550)*, de Mozart.
- *Wiener Blut, op. 354*, de Strauss.
- *Le prélude en* do *majeur*, de Bach.

Bouchons, RER en retard, métro bondé : je respire !

Respirer ? Vous le faites, forcément ! Mais sûrement – comme la majorité d'entre nous – de façon étriquée, et plus encore sous l'effet du stress. Le ventre se fige, seul le haut du thorax bouge : on « sous-respire ». La solution ? Une respiration lente et profonde. Premier effet Kiss Cool : en vous concentrant sur votre respiration, vous vous déconnectez de votre mental. Second effet Kiss Cool : vous activez votre nerf vague, un nerf qui descend du tronc cérébral jusqu'au système digestif en passant par tous les organes de l'abdomen. Et devinez quoi ? Ce nerf clef gouverne votre système parasympathique qui amène le calme (contrairement au système sympathique activé en cas de stress, rappelez-vous).

Le b.a.-ba : la respiration abdominale

C'est la respiration optimale, celle des bébés et des chanteurs d'opéra – et le premier exercice respiratoire à apprivoiser pour ramener rapidement le calme dans son corps. Idéale pour le **profil 1**. Lorsque vous sentez le stress pointer, adoptez illico cette respiration abdominale. Le mode d'emploi :

- Installez-vous confortablement, en position assise (vous pourrez tester la version allongée chez vous), les yeux fermés si vous préférez.
- Placez une de vos mains sur votre ventre.
- Inspirez lentement par le nez en gonflant votre ventre, pendant 3 secondes.
- Bloquez l'air pendant 3 secondes.
- Expirez par le nez pendant 6 secondes, en dégonflant le ventre et en le creusant.
- Faites plusieurs respirations de suite.

10 heures : réunion importante

Une petite tranche de rigolade

Le stress monte ? Un bon fou rire peut faire retomber la pression. Lorsque l'on rit, c'est le système parasympatique (encore lui !) qui prend le dessus. La fréquence cardiaque s'abaisse, on respire à poumons déployés, les muscles sont détendus. On libère également des endorphines et de la sérotonine, les hormones du bien-être qui vont venir contrer les excès d'adrénaline et de cortisol générés par le stress. Difficile de rire sur commande ? Une vidéo d'animaux ou de personnes qui se gamellent devrait marcher…

On adopte la *power pose*

Avant d'entrer dans l'arène, redressez-vous, épaules vers l'arrière, torse ouvert, menton haut et droit. Selon Amy Cuddy, enseignante à la Harvard Business School, cette *power pose* permettrait de se sentir plus fort. Elle l'a testée sur ses étudiants : lorsqu'ils adoptaient ces postures de *winner* deux minutes avant un moment stressant, leur niveau de testostérone (l'hormone de la domination) augmentait tandis que celui de cortisol baissait[6].

On se fait un petit shoot zen

Dégainez votre flacon d'huile essentielle de lavande officinale, la reine pour lutter contre le stress tout en augmentant les capacités de concentration et d'adaptation. Son secret ? Elle active les mêmes aires frontales que la méditation. Déposez-en 2 gouttes (pas plus !) sur vos poignets, puis respirez pour une grande bouffée de calme. La lavande vous rappelle trop l'armoire de tante Alberte ? Testez l'huile essentielle de camomille romaine, de marjolaine ou de géranium rosat, aux belles propriétés calmantes également. Si vous devez prendre la parole, misez sur celle de laurier noble, votre alliée pour booster votre confiance.

Halte au trac avec la sophrologie

Pour balayer le trac et faire le plein de bonnes ondes avant de sauter dans la fosse, testez ce petit exercice de sophrologie qui combine respiration et visualisation positive. Bien adapté au **profil 1**, sujet au trac.

Le pompage des épaules : on balaye le négatif

- Debout, écartez les jambes à la largeur du bassin. Relâchez vos épaules.
- Serrez les poings, inspirez profondément par le nez.
- Bloquez votre respiration.
- Haussez les épaules plusieurs fois de suite, rapidement, comme si vous « pompiez » dans votre corps toutes les émotions négatives.
- En expirant par la bouche, relâchez vos épaules d'un coup bref pour expulser toutes ces émotions.
- Répétez 3 fois.

Trac-tac : on fait le plein de positif

- Debout, jambes ouvertes à la largeur du bassin, redressez votre dos, relâchez vos épaules.
- Fermez votre poing gauche, à l'exception de votre pouce relevé.
- Sur une inspiration, montez doucement votre bras gauche à 90 °C, poing face à votre regard. Fixez votre pouce en visualisant votre objectif (concentration, clairvoyance, confiance, calme...).
- Bloquez votre respiration et, tout en continuant de le fixer, rapprochez lentement votre pouce de votre front, jusqu'à le poser entre vos sourcils. Fermez les yeux dès que vous commencez à le voir flou.
- Expirez lentement par la bouche en ramenant votre bras à sa position initiale.
- Reprenez une respiration naturelle, accueillez les sensations, puis rouvrez les yeux.
- Répétez 3 fois.

LE BON CONSEIL DE Dr.Good!

Pour rassembler vos esprits et empêcher la mécanique du stress de s'emballer, testez la mini-méditation S.T.O.P. :
Stop, faites une pause.
Touchez votre paroi abdominale, sentez votre inspiration, votre expiration.
Observez vos sensations corporelles, vos pensées, vos émotions.
Passez à l'action : quel plan pour maintenant ?

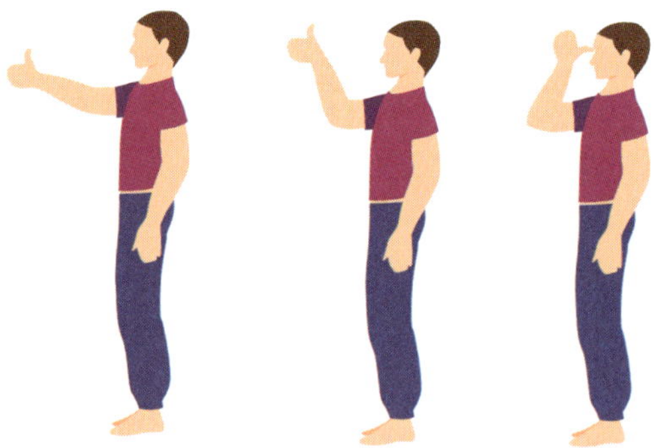

Chapitre 2

Un après-midi en mode zen

Midi, enfin l'heure de la pause. Deux solutions : continuer en mode pression en déjeunant sur un coin de bureau devant l'ordi, ou vous accorder une vraie pause déj' pour vous ressourcer, faire le plein de bonnes énergies et ainsi attaquer l'après-midi bien reboosté. À votre avis, quelle est la meilleure option contre le stress ?

Midi : direction la salle de sport

Les quatre effets antistress du sport

Ajouter une heure de sport à un planning déjà ultra-chargé ? Une opération avec retour sur investissement garanti, que ce soit sur le stress perçu, le renforcement des systèmes antistress ou la réponse au stress elle-même. Parfait si vous êtes **profil 2** et pour éviter que le stress ne grignote votre énergie. La preuve par quatre !

- **On carbure aux hormones du bien-être.** À l'effort, le corps sécrète des endorphines et des endocannabinoïdes, hormones du bien-être, ainsi que de la dopamine. On plane littéralement ! Et plus on active ces mécanismes avec le sport, plus on y devient sensible.
- **On muscle son cerveau.** Une activité physique régulière permet d'optimiser le fonctionnement de l'hippocampe, de limiter la destruction de neurones, d'améliorer la connectivité cérébrale. De quoi être plus productif… et moins stressé !
- **On combat les effets du stress.** Que ce soit sur le plan cardiovasculaire, métabolique ou immunitaire, l'activité

EN CHIFFRES

Trente minutes : c'est la durée minimum de la séance pour bénéficier des bienfaits antistress du sport.

Cinq fois par semaine : c'est le rythme recommandé, car il existe un effet dose. Plus l'activité est régulière, plus l'effet sur la santé mentale est important.

physique active des leviers physiologiques antagonistes à ceux du stress. Et améliore aussi la qualité du sommeil.
- **On booste son estime de soi.** Sur le moment, on transpire, on souffre, on en bave. Mais rien ne vaut ce sentiment d'accomplissement et de dépassement de soi une fois la séance bouclée ! Meilleure estime de soi = moins de stress.

Trois sports antistress

Le running : se vider la tête au fil des kilomètres

Mettre un pied devant l'autre, enchaîner les foulées : cette gestuelle ultra-simple nous plonge dans une espèce d'état hypnotique qui a pour mérite de vider la tête, tout en améliorant les capacités cognitives. Plusieurs études ont montré que le running améliorait l'activité du lobe frontal impliqué dans le traitement de l'information et la mémoire. Il optimiserait également la résilience, cette capacité à s'adapter face aux revers de la vie.

DITES-MOI DR.GOOD ?

Quel est le meilleur sport pour moi ?

Celui qui vous fait kiffer ! Depuis le cross du primaire et les tours de stade en plein hiver, vous détestez courir ? Passez votre tour, misez sur le sport que vous aimez. C'est le plaisir qui vous permettra de rester motivé. Et pas de pression, pas de compétition : il ne s'agit pas de vous rajouter une source de stress !

LE RUNNING MÉDITATIF

Méditer ? C'est une façon d'être au monde qui peut s'appliquer à toute activité, y compris au running ! Au lieu de laisser votre esprit papillonner (« Je dois répondre à ce mail », « Il faut que je prenne rendez-vous chez le médecin »), portez votre attention sur vos sensations : l'impact de chaque foulée sur le sol, vos inspirations et expirations, la caresse du vent sur votre peau…

La boxe : idéale pour se défouler

Taper dans un punching-ball en imaginant la tête de son boss ? La boxe, et les sports de combat en général, est en effet un excellent moyen d'évacuer le stress et les tensions, tout en travaillant son self-control et la gestion des émotions. Pour esquiver le droit de son adversaire, concentration exigée ! Adapter son attaque ou sa défense, ne pas réagir sous le coup de l'émotion… autant de qualités antistress.

La zumba : le plaisir de la musique en plus

Danse latine et fitness : c'est le combo gagnant de cette discipline qui en une dizaine d'années a su s'imposer dans toutes les salles de sport. Une ambiance de boîte tout en travaillant son cardio et son renforcement musculaire, ça met le *smile*, forcément. Et là aussi, pour ne pas se retrouver perdu dans la chorégraphie, mieux vaut déconnecter son cerveau !

Un déjeuner bien pensé

Des oméga-3 pour bien huiler le cerveau

Stars du gras, les oméga-3 sont de vrais partenaires antistress. Partie intégrante de la structure des membranes cellulaires, ils sont garants de leur fluidité, essentielle pour un bon influx nerveux, une circulation optimum des neurotransmetteurs et une « recapture » du magnésium efficace. Une étude de l'Inserm[7] a montré qu'une carence en oméga-3 entraînait une diminution de la production d'endocannabinoïdes, des lipides du cerveau impliqués dans la régulation des émotions et du stress. Ce qui compte, ce n'est pas tant la quantité d'oméga-3, mais le ratio oméga-3/oméga-6, car les deux se font concurrence. Le bon ratio : un oméga-3 pour quatre oméga-6, or souvent on est à 1/20. Moralité : plus d'oméga-3 dans l'assiette (voir encadré p. 42), moins d'oméga-6 (huile de tournesol, d'arachide, plats industriels, margarine au tournesol).

Les légumes : ils s'imposent dans l'assiette

L'assiette parfaite ? Un quart de protéines animales ou végétales, un quart de féculents à index glycémique bas à moyen (céréales semi-complètes ou complètes, légumineuses) et une moitié de légumes. Les légumes, ce n'est pas seulement quand on est au régime ! Ils sont la pierre angulaire de l'alimentation santé. Ils apportent des vitamines du groupe B nécessaires à l'équilibre mental, du magnésium antistress, du fer et de la vitamine C, essentiels à la synthèse des neurotransmetteurs. Des fibres également, indispensables pour l'équilibre du microbiote intestinal où sont produits une grande partie des neurotransmetteurs. Sans oublier bien sûr des antioxydants (vitamine C, vitamine E, sélénium, polyphénols, caroténoïdes) pour protéger les neurones du stress oxydatif, améliorer la recapture du magnésium par les cellules et limiter l'oxydation des oméga-3. Tout est lié !

Les micronutriments antistress

Magnésium

Transmission de l'influx nerveux
Décontraction musculaire
Production d'énergie
Libération de la sérotonine

On le trouve où ? Graines de tournesol, noix du Brésil, amandes, noix, noisettes, pain complet, crevettes roses, fruits secs, riz complet, chocolat noir (70 % minimum), légumineuses (lentilles, pois chiches, haricots noirs...) ; eaux minérales (Rozana, Hépar, Quézac, Badoit, Contrex).

Oméga-3

Qualité des membranes
Transmission de l'influx nerveux
Recapture du magnésium
Action anti-inflammatoire
Production d'endocannabinoïdes

On les trouve où ? Huile de colza, de noix, de lin, de cameline, foie de morue, poissons gras (sardine, thon, maquereau, saumon, hareng), œufs et viandes labellisées Bleu-Blanc-Cœur, noix, graines de lin, de chia, de chanvre, mâche.

Vitamine C

Action antioxydante
Baisse du cortisol
Transmission neuronale
Synthèse des neurotransmetteurs

On la trouve où ? Cassis, goyave, kiwi, fraise, agrume, mangue, persil, crucifères (brocoli, chou de Bruxelles, chou vert frisé, chou-fleur), poivron.

Vitamine B1

Métabolisme des glucides
Production d'énergie
Transmission de l'influx nerveux
Résistance au stress

On la trouve où ? Levure de bière, germe de blé, noix du Brésil, pistaches, haricots noirs, riz complet, œufs, saumon, pain de seigle.

Vitamine B6

Synthèse des neurotransmetteurs
Production d'énergie
Absorption du magnésium

On la trouve où ? Thon, saumon, poulet, pois chiches, céréales complètes, graines (lin, sésame, tournesol), banane, noisettes.

Vitamine B9

Synthèse des neurotransmetteurs

On la trouve où ? Légumes verts (épinards, poireau, haricots verts, courgette, mâche, laitue...), jaune d'œuf, foie et abats, oléagineux (pois chiches, lentilles), graines (lin, sésame, tournesol), noix.

Vitamine B12

Production d'énergie

On la trouve où ? Foie et abats, viandes, poissons, œufs.

L'équation du déjeuner parfait

- Une crudité, pour un apport de légume cru (les fibres et nutriments sont préservés) + huile riche en oméga-3.
- Une part de protéine animale ou végétale pour la synthèse de dopamine et de noradrénaline + des glucides à index glycémique bas à moyen pour une énergie longue durée + des légumes.
- Un laitage (facultatif).
- Un fruit frais.

Trois exemples de déjeuners zen

- **Le menu du resto :** crudités, pavé de saumon + riz + légumes à la provençale, salade de fruits frais.
- **La salade complète :** penne semi-complètes + roquette + thon + tomates cerises + mozzarella + olives vertes, compote de pomme.
- **La formule sandwich :** pain aux graines + saumon fumé + avocat + crudités, fromage blanc et framboises.

LE BON CONSEIL DE Dr. Good!

Pas le temps de faire du sport le midi ? Direction le parc le plus proche avec votre sandwich. Vingt minutes au contact de la nature suffiraient pour faire baisser le taux de cortisol[8]. Seule contrainte : bannir smartphone, conversation et lecture !

Une sieste flash, et ça repart !

Ultra-courte, la sieste flash permet de rester dans un état de sommeil léger. Pas d'effet tête dans le pâté après, mais un regain d'énergie. Le mode d'emploi :

- Installez-vous si possible dans un endroit calme, dans une position confortable, les muscles détendus.
- Réglez le minuteur de votre smartphone sur 5 à 10 minutes, puis mettez-le en mode avion.
- Fermez les yeux et faites 2 à 3 respirations abdominales (voir p. 36) pour ralentir votre fréquence cardiaque.
- Visualisez une à une les parties de votre corps, de haut en bas. Ressentez-les devenir lourdes.
- Inspirez profondément, bougez vos mains, vos pieds. Étirez-vous puis rouvrez les yeux.

LE BON CONSEIL DE Dr. Good!

À défaut de micro-sieste (ou en complément), adoptez ce petit geste pour stimuler l'énergie via le méridien du cœur. Chauffez vos mains en les frottant l'une contre l'autre. Avec le pouce de la main gauche, exercez une pression au centre de la paume droite, puis faites des gestes circulaires, en les élargissant progressivement. Faites de même sur l'autre main.

Situation de crise au boulot

On clarifie son esprit avec la respiration alternée

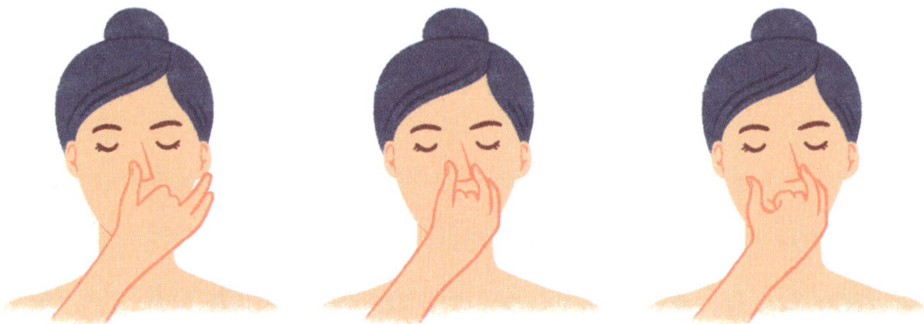

Nadi shodhana est un exercice respiratoire de yoga. En respirant alternativement par la narine gauche puis par la narine droite, on reconnecte les deux hémisphères du cerveau. Redoutable pour ramener calme, concentration et bonnes ondes. Le mode d'emploi :

- Fermez votre narine droite avec votre pouce droit. Inspirez par la narine gauche sur 4 temps.
- Placez l'annulaire sur la narine gauche. Retenez votre respiration les deux narines fermées durant quelques instants.
- Relâchez le pouce, expirez par la narine droite sur 6 temps.
- Inspirez par la narine droite sur 4 temps.
- Fermez la narine droite avec votre pouce. Retenez votre respiration quelques instants.
- Ouvrez la narine gauche. Expirez sur 6 temps.
- Répétez 6 à 8 fois.

Digitopuncture : on appuie là où ça calme

Stimuler avec les doigts des points énergétiques précis : c'est le principe de la digitopuncture, un petit geste simple pour couper court aux manifestations du stress. Si vous êtes **profil 1**, cette technique est

LE COUP DE POUCE HOMÉO

- ***Gelsemium* 15 CH : le stress entraîne tremblements, trous de mémoire. 5 granules au moment du stress.**
- ***Ignatia amara* 7 CH : vous avez une boule dans la gorge, vous cherchez votre respiration. 3 granules 3 fois par jour.**
- ***Argentum nitricum* 9 CH : le stress vous rend agité, impatient. 3 granules 3 fois par jour.**
- ***Ambra grisea* 9 CH : vous vous isolez, êtes très émotif. 3 granules 3 fois par jour.**
- ***Nux vomica* 9 CH : le stress vous rend irritable, colérique. Vous compensez avec le café, la cigarette, la nourriture. 3 granules 3 fois par jour.**

parfaite pour vous. Outre son action apaisante, elle vous pousse à vous accorder un moment de pause et à vous reconnecter à vos sens. Le mode d'emploi : stimulez les points avec la pulpe de l'index ou du majeur, en effectuant des petits mouvements circulaires. Essayez de maintenir la pression durant une à deux minutes, tout en respirant calmement.

Point GI-4 (*he gu*, Vallées qui se rencontrent) : le nettoyeur

Ce point lié au gros intestin chasse l'énergie stagnante. À éviter chez la femme enceinte.
Pour le trouver : mettez votre main en V. Le point se situe dans la légère dépression, à la jonction du pouce et de l'index.

Point MC-6 (*nei guan*, Porte interne) : le pacificateur

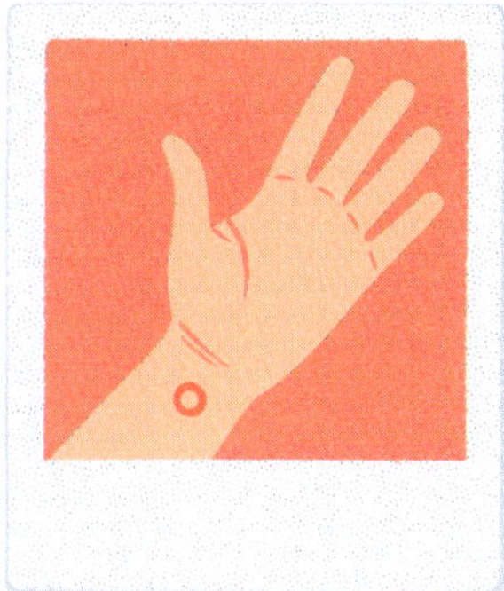

Ce point réputé efficace contre les nausées a également une action antistress : il régule le *qi*, harmonise le cœur et calme le *shen* (l'esprit).
Pour le trouver : en partant du pli de votre poignet, placez trois doigts. Le point se situe après, entre les deux tendons.

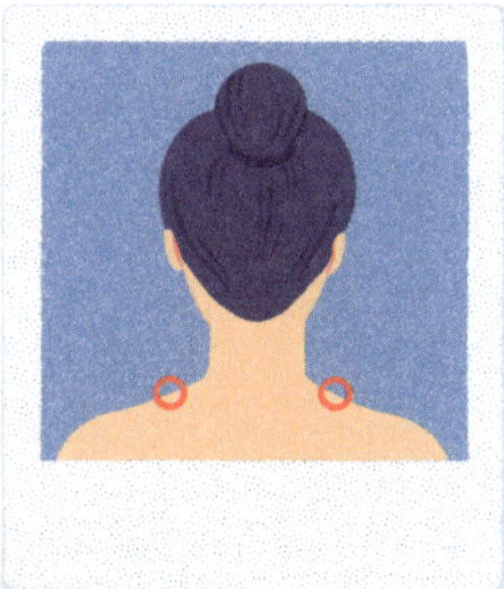

Point VB-21 (*jian jing*, Puits de l'épaule) : le régulateur

Ce point de la vésicule biliaire permet de libérer le *qi* dans tous les méridiens. À éviter chez la femme enceinte.
Pour le trouver : sur le trapèze, à mi-chemin entre la base du cou et la pointe de l'épaule, dans un léger creux.

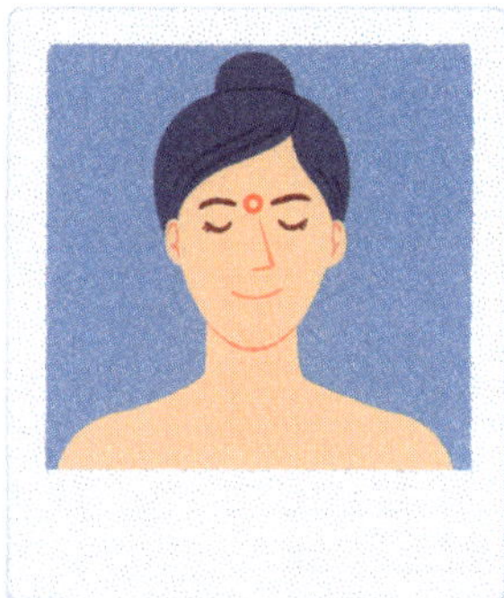

Point *yin tang* (Troisième œil) : le clarificateur

Ce point calme l'esprit, clarifie les idées, aide à ralentir le flux des pensées et des projections.
Pour le trouver : entre les deux sourcils.

La pause-café

Mollo sur le petit noir

La caféine booste la sécrétion de dopamine, mais aussi d'adrénaline et de cortisol, ces hormones du stress qui vous permettent d'aiguiser vos sens et de retrouver un peu d'énergie... à court terme, seulement. Très vite, on doit augmenter les quantités pour obtenir le même effet. Et à forte dose, le café peut majorer les manifestations du stress : palpitations, irritabilité, tremblements. Deux-trois cafés dans la journée, ça passe. Plus, attention ! Par ailleurs, n'oubliez pas de boire régulièrement – de l'eau – tout au long de la journée. La déshydratation entraîne aussi de la fatigue, on l'oublie souvent.

Des alternatives au café

- Une infusion de ginseng ou de réglisse, pour un coup de boost.
- Un thé vert, pour faire le plein d'antioxydants et de théanine relaxante.
- Du maté, pour une toute petite dose de caféine.
- Du café d'orge ou d'épeautre, pour le (presque) goût du café, la caféine en moins, des micronutriments en plus.
- Une infusion de romarin, équilibrant nerveux.

Un goûter ? Oui, mais pas celui du distributeur !

À l'approche de la soirée, c'est la sérotonine qu'il faut privilégier. Cap sur des glucides qui vont favoriser sa synthèse par un effet de « déviation ». Sans glucides, le tryptophane (précurseur de la sérotonine) ne parvient pas jusqu'au cerveau. L'astuce : les glucides vont déclencher la sécrétion d'insuline qui va dévier les acides aminés entrant en compétition avec ce tryptophane, permettant à ce dernier d'atteindre le cerveau. De l'insuline, c'est bien, mais pas trop afin d'éviter le schéma pic d'insuline/hypoglycémie réactionnelle. Vous l'avez donc compris : on privilégie les aliments à index glycémique bas à moyen. On peut aussi y ajouter quelques aliments contenant du tryptophane, comme des oléagineux, qui vont en plus apporter du magnésium et des oméga-3.

Quelques exemples de collation antistress

- Une petite poignée de noix/amandes + 1 fruit frais.
- Une tranche de pain complet + une noisette de beurre d'amande.
- Une compote sans sucre + un carré de chocolat noir à 70 %.

Des étirements avant de s'y remettre

Riches en terminaisons nerveuses, les muscles sont saturés d'informations en cas de stress. Les trapèzes, cervicales et lombaires sont les premiers à encaisser toutes les tensions. Pour détendre tout cela, faites régulièrement de petits étirements en respirant profondément.

On étire le dos

- Assis, entrecroisez vos doigts et tendez les bras au-dessus de votre tête.
- Inclinez votre buste d'un côté, en conservant bien l'étirement. Gardez la posture quelques secondes.
- Redressez-vous, puis inclinez-vous de l'autre côté. Maintenez quelques secondes.
- Répétez 3 à 4 fois de chaque côté.

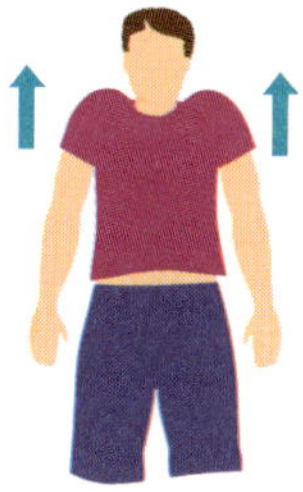

On détend les trapèzes

- Remontez les épaules le plus haut possible, maintenez la position 3 à 5 secondes, puis relâchez doucement.
- Répétez 3 fois.

On dérouille le cou

- Tout doucement, penchez la tête de chaque côté, plusieurs fois de suite.
- Vous pouvez également la faire rouler d'un côté, puis de l'autre.

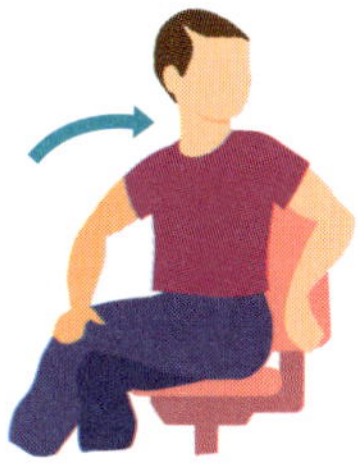

On tord les dernières tensions

- Croisez les jambes.
- Placez votre main opposée sur le genou, puis tournez le buste de l'autre côté, en veillant à garder le dos bien droit. Maintenez la posture 8 à 10 secondes.
- Revenez au centre, inversez le croisement de jambe et faites la torsion de l'autre côté.

Planifier le lendemain… intelligemment

Le soir, votre to-do list ressemble à un ticket de caisse de ravitaillement hebdomadaire durant le confinement. Et rien qu'à l'idée de la retrouver telle quelle le lendemain matin, ça vous stresse ! La to-do list est un bon outil, à condition de savoir bien l'utiliser. Par exemple avec la méthode Ivy Lee (du nom d'un consultant en productivité de l'Amérique des années 1920), qui repose sur une priorisation des tâches. Avec une to-do list réaliste, vous pourrez enfin en arriver à bout et, au passage, diminuer le stress.

Mode d'emploi

- À la fin de la journée, notez six tâches (maximum) à boucler le lendemain.
- Priorisez-les en fonction de leur importance et non de leur facilité. Gardez la tâche la plus simple pour la fin.
- Le lendemain, attelez-vous à la première tâche, sans passer à une autre tant qu'elle n'est pas finie.
- À la fin de la journée, créez une nouvelle liste pour le lendemain, en incluant les tâches non effectuées de la journée.

LE BON CONSEIL DE

Dr. Good!

- **Évitez de checker vos mails en permanence ; faites-le uniquement à des heures fixes. Si possible, désactivez les notifications. Le *multitasking* nuit à la productivité et à la concentration.**
- **N'hésitez pas à fractionner vos tâches par paliers si elles sont de grande ampleur.**
- **Vous travaillez en open space ? Le bruit peut vous déconcentrer et même être source de stress. La solution : un casque antibruit ou des écouteurs à annulation sélective de bruit.**

Chapitre 3

Une soirée pour lâcher prise

La journée de travail est finie, mais ce n'est pas pour autant que la pression retombe. Merci la « double journée » ! Votre objectif : aborder la soirée en pente douce avant une bonne nuit réparatrice. Le sommeil : l'antistress numéro 1 (mais aussi le premier à en pâtir !).

Un sas de décompression

Instaurer une coupure pro/perso

Ce n'est pas toujours évident, car le temps est souvent chronométré, mais pendant ne serait-ce que dix minutes, faites une pause pour marquer temporellement une frontière entre les univers professionnel et personnel. Lecture dans le métro, exercice de méditation dans le bus, écoute d'un podcast *feel good* dans la voiture, petite marche de dix minutes : à vous de trouver votre rituel post-travail. Et bien sûr, déconnectez des mails pros.

Une petite dose de calinothérapie

À peine votre bambin récupéré à la crèche ou votre partenaire retrouvé, il faut tout de suite penser au bain, au dîner, au coucher (rayez la mention inutile). Stop ! Faites une pause câlin avant de repartir illico dans le rush de la soirée. Serrer quelqu'un dans ses bras (vingt secondes au moins) déclenche la libération d'ocytocine, la fameuse « hormone de l'amour » qui engendre une sensation immédiate de bien-être et d'apaisement. Magique, l'ocytocine freine également la sécrétion de cortisol. Célib' ? Prenez un chat, la ronronthérapie est aussi un puissant antistress !

Le dîner antistress

Cap sur le tryptophane

Interro surprise : quel neurotransmetteur privilégier au dîner ? La sérotonine ? Bonne réponse ! Et pour sécréter de la sérotonine, il faut… ? Du tryptophane, bravo, vous avez bien retenu la leçon ! Dans l'assiette : du poisson, de la laitue, des pommes de terre, des céréales complètes, des œufs, des légumineuses, du soja, des produits laitiers. Et pour que ce tryptophane soit capté en priorité, veillez à l'associer à des glucides, choisis de préférence à index glycémique bas à moyen (céréales complètes, patate douce, légumes secs) pour être calé toute la nuit.

Les trois faux pas du dîner

- **La viande : de la dopamine au dîner, mauvaise idée !** Longue à digérer en raison des protéines, elle contient en outre plus de tyrosine que de tryptophane. Et favorise donc la sécrétion de dopamine et de noradrénaline.
- **Les plats en sauce : ils plombent l'estomac, pas le sommeil…** Lourds pour la digestion, ils peuvent aussi être à l'origine de spasmes, gaz et remontées acides peu propices au sommeil. Même punition avec les plats épicés, aliments fermentés, fritures, etc.
- **L'alcool : attention, faux ami !** Un ou deux verres et vous avez les paupières lourdes, lourdes, et vos soucis quotidiens vous paraissent loin… Oui, l'alcool met momentanément en pause les systèmes du stress et favorise l'endormissement. Mais pas pour longtemps ! À mesure qu'il est métabolisé, il perturbe le sommeil.

L'équation du dîner (presque) parfait

- Une source de protéines animales (poisson, œuf, jambon blanc) ou végétales (légumineuses, produit à base de soja).
- Des glucides à index glycémique bas (légumineuses : lentilles, haricots blancs ou rouges, pois chiches, pois cassés) ; céréales complètes ou semi-complètes : boulgour, blé, quinoa, riz brun, riz complet, pain complet au levain.
- Des légumes, encore et toujours pour les fibres, les vitamines, les minéraux et les antioxydants.
- Un fruit frais ou une compote.

PLATS PRÉPARÉS, *JUNK FOOD* & CO : ILS ONT TOUT FAUX !

Flemme de cuisiner le soir ? La tentation est grande de prendre un burger au drive ou de se faire livrer une pizza. Mauvaise idée ! Ce sont des « calories vides » : beaucoup de calories pour peu de nutriments. Et beaucoup d'acides gras trans qui rigidifient les membranes cellulaires et altèrent la sécrétion de sérotonine. De plus, une étude[9] a montré que la *junk food* faisait encore plus grossir en période de stress.

- Un produit laitier ou substitut (yaourt végétal enrichi en calcium), pour un apport en calcium (facultatif).

Trois exemples de dîners antistress

- **Version veggie** : carottes râpées parsemées de levure de bière, vinaigrette à l'huile de colza + un couscous végétarien au quinoa + un yaourt de soja ou de brebis.
- **Option gourmande** : velouté de lentilles corail + omelette aux champignons et aux épinards + pomme au four au miel et à la cannelle.
- **Esprit breton** : laitue parsemée de germe de blé, vinaigrette à l'huile de colza + galette de sarrasin œuf-jambon + salade de fruits et amandes effilées.

On se prépare à accueillir Morphée

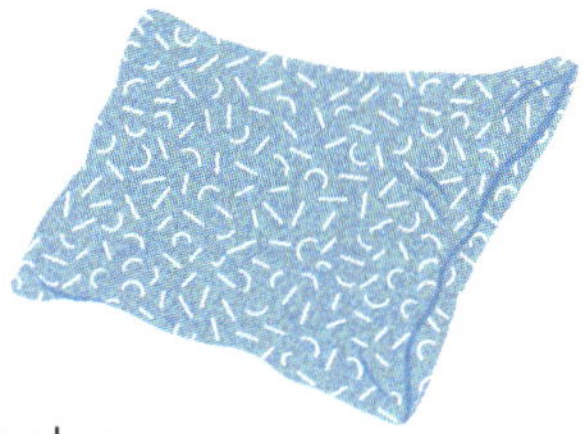

Les sept règles du bon sommeil

1. **Des horaires réguliers.** Vous lever tous les jours à la même heure, y compris le week-end : c'est le premier outil à utiliser pour améliorer votre sommeil. Avec un rythme régulier, votre horloge biologique peut programmer plus facilement ses mécanismes d'endormissement.
2. **Des signes du sommeil respectés.** Des yeux qui papillonnent, une nuque lourde, une sensation de froid : votre horloge interne vous indique que votre corps est prêt à dormir. Prenez sans tarder le « train du sommeil », c'est l'assurance d'arriver au pays des songes plus facilement. Mais inutile de monter à bord trop tôt : il ne partira que lorsque tous les signaux seront au vert.
3. **Un cerveau en mode avion.** En plus de maintenir votre cerveau dans un état d'alerte peu propice à l'endormissement, les écrans diffusent une lumière bleue qui stimule les cellules photoréceptrices de la rétine et retarde la sécrétion de mélatonine (qui augmente uniquement lorsqu'il fait sombre). Conclusion : mode avion au moins deux heures avant le coucher.
4. **Un cocon de silence.** Le bruit est un ennemi majeur du sommeil. À l'endormissement, bien sûr, mais aussi une fois endormi, car le cerveau continue à percevoir les informations. Un gros boum en pleine nuit ? Le corps sécrète des hormones du stress qui vont venir altérer le sommeil.
5. **Le noir complet.** Principal synchroniseur de notre horloge biologique, la lumière peut retarder l'endormissement en bloquant la sécrétion de mélatonine. Et même une fois le sommeil installé, elle peut altérer la qualité du sommeil.
6. **Une chambre pas trop chauffée.** Le corps abaisse petit à petit sa température à partir de 19 heures, pour atteindre 35,5 à 36 °C à son plus bas vers 4 heures du matin. Entre 16 et 18 °C : c'est la température de la chambre recommandée pour favoriser ce processus. Un peu frisquet ? Misez sur une bonne couette.

7. **Une literie de qualité.** Un matelas trop dur, trop mou, et on tourne et se retourne pour trouver une position confortable. Ces micro-réveils entraînent une fragmentation du sommeil, alors beaucoup moins récupérateur. Bien choisir son matelas (en le testant) et le changer au moins tous les dix ans : c'est la base. Sans oublier un bon oreiller !

STOP AUX IDÉES REÇUES !

Attention à la grasse mat

Une grosse dette de sommeil ? Normal de vouloir l'éponger avec une grasse matinée. Une heure ou une heure et demie de plus, ça passe. Au-delà, l'horloge biologique n'y comprend plus rien et le sommeil n'est plus vraiment récupérateur. La solution : une sieste !

Les plantes du sommeil à la rescousse

Il y a le fameux tilleul, la verveine ou la petite camomille de mamie. Mais il existe de nombreuses autres plantes amies de vos nuits : l'aubépine, la passiflore, la mélisse, le houblon, l'eschsholtzia (pavot de Californie), la ballote, sans oublier la valériane. S'il n'y en avait qu'une à choisir, ce serait d'ailleurs celle-là. La preuve : son usage est reconnu par l'Agence européenne des médicaments pour « soulager la tension nerveuse et les troubles du sommeil qui en découlent ». Les tisanes « bonne nuit » en sachet ? C'est mieux que rien, mais pas le top. Mieux vaut une vraie infusion avec des plantes achetées en pharmacie ou en herboristerie.

Tisane ou teinture mère

L'avantage de la tisane : le côté « routine du coucher ». Son point faible (outre les envies pressantes durant la nuit) : seuls les principes actifs solubles dans l'eau sont libérés. Pour bénéficier du totum (la totalité des principes actifs) de la plante, le mieux reste la teinture mère, l'extrait standardisé, la suspension de plantes fraîches (SPF) ou l'extrait fluide de plantes fraîches standardisé (EPS). Les plantes peuvent être prises en solo, ou combinées entre elles. Restent également les médicaments tout prêts (Spasmine®, Tranquital®, Euphytose®, Phytocalm®). Demandez conseil à votre pharmacien.

À TESTER ÉGALEMENT

En gemmothérapie : des bourgeons de tilleul et de figuier, antistress et sédatifs. 5 gouttes de chaque dans un verre d'eau le midi, le soir et au coucher.

Une routine du coucher, comme les bébés

Vous l'avez compris : votre petite horloge interne aime la routine ! Créez la vôtre en piochant dans ces quelques idées pour vous mettre sur les rails du sommeil.

Douche froide 1 – bain 0

Un bon bain, ça détend, c'est certain. Le souci, c'est que cela fait monter la température corporelle alors que l'organisme doit diminuer son thermostat pour mettre en route les mécanismes de l'endormissement. Une douche froide (10 à 15 °C) avant le dîner aidera à ce processus de refroidissement pro-sommeil. Cerise sur le gâteau : cette fraîcheur entraîne la libération d'endorphines, parfaites pour chasser le stress qui risque de parasiter le sommeil.
Vous tenez à votre bain ? O.K., mais pas trop chaud (35 °C maximum). Et pour renforcer l'effet relaxant, ajoutez :

- un verre de sels d'Epsom, riches en sulfate de magnésium aux vertus relaxantes. Avec du bicarbonate de soude, c'est encore mieux : le corps est moins acide et donc plus réceptif,
- de l'huile essentielle de lavande, d'orange douce, de camomille, de marjolaine ou d'ylang-ylang. Mélangez 15 gouttes dans un dispersant (type Solubol) ou sur du sel de bain.

On fait le bilan de la journée

L'oreiller ? Le meilleur endroit pour ruminer ! Avant de vous coucher, débarrassez-vous de ce qui vous tracasse avec la technique du cahier : notez vos tâches du jour, ce qui vous inquiète, vous énerve, vous met en colère. Puis fermez le cahier : pour aujourd'hui, vous ne pourrez plus rien faire pour changer la situation. Après avoir évacué le négatif, place au positif ! Pensez à trois choses agréables de votre journée. Essayez de les visualiser, de vous remémorer les sensations éprouvées sur le moment. Cette *good list* permet d'entraîner votre mental à déceler dans le quotidien les petits moments de bonheur, et de vous endormir en mode *happy* grâce à la sécrétion d'endorphines. À condition de ne pas repartir dans les ruminations !

Prendre son pied au lit

… avec la réflexologie plantaire (même si faire l'amour est aussi un bon moyen de libérer les tensions, mais ça, on ne vous l'apprend pas) ! Pour plus d'efficacité, vous pouvez réaliser ce massage avec de l'huile essentielle de lavande ou de camomille (1 à 2 gouttes d'HE dans 1 cuillerée à café d'huile végétale).

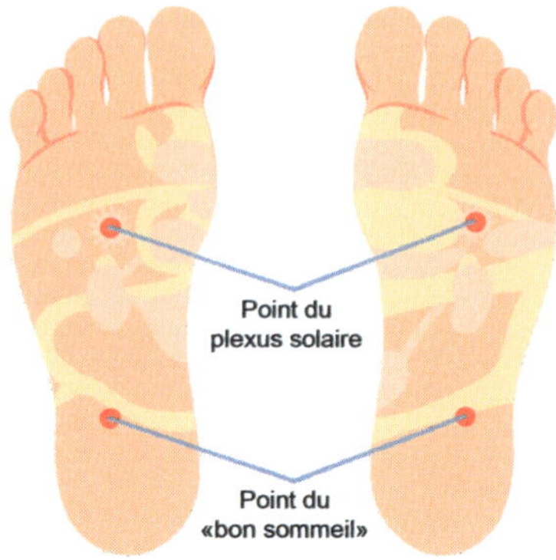

Le mode d'emploi :

- Commencez par chauffer votre voûte plantaire avec des mouvements de lissage.
- Avec votre pouce, massez profondément la zone du plexus solaire avec des cercles dans le sens des aiguilles d'une montre, de plus en plus grands.
- Massez ensuite chaque orteil avec votre pouce, votre index et votre majeur en pince. Partez de la base et exercez des pressions lentes et profondes en remontant jusqu'à l'extrémité.
- Massez ensuite le point du « bon sommeil » au niveau du talon avec votre pouce, de bas en haut, de haut en bas, de droite à gauche et inversement.
- Terminez par un lissage du pied.
- Faites de même sur l'autre pied.

Tomber de sommeil avec le *body scan*

Morphée n'a pas l'air de vouloir se pointer ? Testez ce classique de la sophrologie, basé sur le *body scan*. Beaucoup plus efficace que de compter les moutons !

- Allongé sur le dos dans votre lit, vos membres reposent confortablement. Prenez conscience des points de contact de votre corps sur le matelas.
- Prenez conscience de votre respiration. Sentez votre thorax se soulever à l'inspiration, redescendre à l'expiration.
- Parcourez mentalement chaque région de votre corps, l'une après l'autre, en visualisant une sensation de lourdeur, puis de décontraction. Commencez par vos pieds, puis remontez progressivement : les mollets, les cuisses, le bassin, etc., jusqu'au haut de votre crâne.
- Visualisez la lourdeur de l'ensemble de votre corps, qui s'enfonce dans le matelas.

LE COUP DE POUCE HOMÉO

- ***Nux vomica* 9 CH : toute la journée, vous êtes au taquet. Et sur l'oreiller, ça continue à tourner dans la tête. 3 granules au coucher.**
- ***Gelsemium* 15 CH : entretien d'embauche demain, le trac vous empêche de dormir. 3 granules au coucher.**
- ***Ambra grisea* 9 CH : épuisé, vous piquez du nez devant votre série, mais une fois au lit, impossible de fermer l'œil. 3 granules au coucher.**

Chapitre 4

Totale détente le week-end

Ça y est, c'est le week-end, on décompresse ! Arrêtez de surcharger votre planning avec moult obligations, recentrez-vous sur ce qui vous ressource. Et faites un petit travail sur vous-même. Rappelez-vous : le stress est aussi une question d'interprétation…

On expérimente d'autres méthodes antistress

La cohérence cardiaque : la fréquence du bien-être

La méditation, très peu pour vous ? Votre esprit se fait sans cesse la malle ? Testez la cohérence cardiaque, ses effets antistress sont aussi validés. Le principe : en contrôlant votre respiration, vous pouvez réguler votre rythme cardiaque. À l'inspiration, le cœur accélère, car on stimule le système sympathique, notre accélérateur. À l'expiration, le cœur ralentit, car on stimule le système parasympathique, notre frein. Quand on inspire et que l'on expire de façon égale et profonde pour laisser le parasympathique agir, le cœur ralentit, on lâche prise. C'est l'état de cohérence cardiaque. Six cycles inspiration/expiration par minute, pendant cinq minutes : c'est précisément la formule magique pour l'atteindre. Et comme le cœur communique directement avec le cerveau via des milliers de neurones, on lui envoie au passage des messages positifs de calme et de confiance. Si vous êtes **profil 2**, la cohérence cardiaque est tout indiquée pour vous aider à limiter ce stress qui impacte de plus en plus votre quotidien.

Mode d'emploi

- Installez-vous dans un endroit calme. Asseyez-vous le dos droit, les pieds au sol et les mains sur les cuisses.
- Inspirez par le nez en gonflant le ventre durant 5 secondes.
- Expirez doucement par la bouche en dégonflant le ventre durant 5 secondes.
- Répétez durant 5 minutes.

La piste des plantes

Lorsque le stress fait de la résistance, la phytothérapie peut être un coup de pouce intéressant. C'est précisément sur les plantes « adaptogènes » qu'il faut miser : en boostant vos capacités d'adaptation, elles vous aideront à franchir les obstacles. Pour le **profil 3**, lorsque le niveau de stress est très élevé, il ne faut pas hésiter à profiter des petits coups de pouce naturels.

- **La rhodiole pour stimuler.** Parce qu'elle améliore l'humeur, augmente les capacités de concentration et redonne de l'énergie, cette plante est parfaite pour surmonter la fatigue durant une période « charrette ». Son usage est reconnu par l'Agence européenne des médicaments, et une récente étude[10] a confirmé qu'elle permettait une réduction des symptômes de burn-out.
- **Le griffonia pour l'équilibre émotionnel.** Riche en 5-hydroxytryptophane (5-HTP) qui booste la sécrétion de sérotonine, c'est la plante à privilégier si le stress vous rend morose et vous fait ruminer sur l'oreiller. Pour plus d'efficacité, combinez-la avec du L-tryptophane qui va venir renforcer l'action du 5-HTP.
- **L'éleuthérocoque pour un coup de fouet.** Vous êtes sur les rotules ? Misez sur le ginseng de Sibérie. La Commission européenne et l'OMS reconnaissent son usage comme un tonique pouvant soutenir et stimuler l'organisme en cas de fatigue, lorsque les capacités de travail ou de concentration sont amoindries.

On multiplie les moments de plaisir

Prendre du temps pour soi, c'est vital !

Avoir une activité de loisir, se faire plaisir, prendre du temps pour soi : ce n'est pas optionnel, et encore moins du luxe. C'est vital, surtout quand on est stressé : le plaisir est un puissant exutoire au stress[11]. Surtout pour le **profil 3** : vous accorder des moments de pause pour vous ressourcer est indispensable pour éviter d'aller droit dans le mur…

Certes, il existe toujours des obstacles : le temps, l'argent, les enfants, et surtout, soi-même ! Petit pas à pas pour lever les derniers verrous et vous autoriser à vous faire du bien. Parce que vous le valez bien !

- Prenez conscience que ce temps vous est nécessaire, et par là même, autorisez-vous à vous l'accorder. Stop à la culpabilité !

LE BON CONSEIL DE Dr.Good!

On trouve ces plantes sous forme de gélules, en pharmacie ou sur les sites spécialisés. Demandez conseil à votre pharmacien : ce n'est pas parce qu'il s'agit de plantes que c'est sans danger ! Il existe par ailleurs d'autres plantes intéressantes en cas de dépression légère, comme le safran et le mille-pertuis (attention aux interactions médicamenteuses). D'autres encore sont utilisées pour leur action énergisante : l'astragale, le ginseng, etc.

- Trouvez une activité qui vous fait kiffer, vous booste, vous permet de décompresser. Peu importent les modes !
- Planifiez-la au même titre que toutes vos autres obligations. Bloquez le créneau : il n'a pas à passer à la trappe au moindre grain de sable dans le planning. Ne reportez pas à une énième échéance en mettant vos besoins au second plan.
- Si vous manquez de temps, revoyez vos priorités. Interrogez-vous sur vos contraintes et obligations : sont-elles vraiment nécessaires ? Allez à l'essentiel, simplifiez votre vie. Dites non à certaines choses ; privilégiez le qualitatif au quantitatif.
- Savourez votre activité, sans culpabiliser, sans penser aux enfants, aux courses, au travail. Mettez votre téléphone en mode avion. Ne cherchez pas la rentabilité, le résultat (sur votre poids, par exemple), la performance ; prenez plaisir, tout simplement.
- Faites le bilan : comment vous sentez-vous après ? Votre famille a-t-elle pâti de votre absence ? Le monde s'est-il arrêté de tourner ?

LE BON CONSEIL DE Dr. Good!

Les amis passent souvent à la trappe en cas d'emploi du temps surchargé ! Un apéro entre potes, un café avec sa meilleure copine suffisent pourtant souvent à remonter le moral (à condition qu'il ne s'agisse pas de personnes toxiques !). C'est prouvé : la solitude est un facteur aggravant de stress.

On se met au vert

Un moyen simple, écologique et gratuit de faire baisser le stress ? Lever les yeux, regarder le ciel, les arbres. La vitamine G (pour *green vitamine*) n'a pas son pareil pour nous rendre zen ! Ses bienfaits sur le bien-être et la santé ont été prouvés scientifiquement, notamment au Japon où la sylvothérapie (la thérapie par les arbres) est traditionnellement pratiquée. Une méta-analyse[12] a confirmé qu'un « bain de forêt » (*shinrin yoku*) permettait d'abaisser le niveau de cortisol. Le secret de la nature ? L'air pur, le calme apaisant, la beauté des paysages. L'alpha-pinède, une molécule volatile libérée par les arbres, pourrait également stimuler le système parasympathique. Un paysage aquatique (la mer, un lac, une rivière) possède aussi de belles vertus apaisantes. Pour bénéficier au mieux de cet effet zen, laissez votre téléphone à la maison et aiguisez vos sens. Le jardinage, excellent antistress. La nature est décidément notre meilleure alliée !

LA VITAMINE D

Un peu de soleil, c'est essentiel pour la vitamine D, principalement synthétisée par la peau sous l'effet des UV. Outre son rôle sur le système immunitaire et la fixation du calcium, cette vitamine serait aussi impliquée dans la synthèse de la sérotonine et de la dopamine. En hiver, une complémentation est souvent nécessaire. Touchez-en un mot à votre médecin !

On mène une opération « *reboot* du mental »

On retire ses lunettes déformantes

Qu'est-ce que la réalité ? Vous avez quatre heures ! La réalité passe toujours par le filtre de votre pensée. Cette capacité de réflexion est la force de l'être humain, mais aussi sa faiblesse. En fonction de votre histoire, de votre éducation, de vos valeurs, de votre estime de vous et de bien d'autres facteurs, vous allez interpréter la réalité. Ce dialogue intérieur influe sur votre vision des choses. Le hic, c'est qu'il peut être une source de souffrance. Et bien sûr, de stress. Par anticipation, vous imaginez le pire. Parce que vous avez une piètre estime de vous, le moindre challenge vous paraît une montagne. Prendre conscience de l'effet déformant de ce mental est un premier pas. S'en détacher, c'est encore mieux. C'est ce que permettent, notamment, la méditation ou encore les TCC (thérapies cognitivo-comportementales). Pour les **profils 3** au niveau de stress élevé, il est indispensable de prendre conscience que ces biais cognitifs impactent votre vision des choses et multiplient les potentiels agents stresseurs au quotidien.

Un filtre rose avec la pensée positive

Oui, il est possible d'entraîner votre cerveau à voir la vie de façon plus positive et ainsi à ressentir plus de satisfaction et moins de stress. C'est la pensée positive (*positive thinking*), ou psychologie positive. Et ce n'est pas une lubie d'illuminés vivant au royaume des licornes, c'est prouvé par les neurosciences ! Notre cerveau est en effet « plastique » : il peut changer tout au long de notre vie. C'est la « neuroplasticité », ou « plasticité cérébrale ». Tout ce que l'on vit, l'environnement dans lequel on évolue, mais aussi nos efforts quotidiens, nos apprentissages, nos pratiques contribuent à modeler notre cerveau. En modifiant votre perception, vous apprendrez à retenir le positif de chaque situation, à relativiser, à ne pas dépenser de l'énergie inutilement dans des ruminations qui alimentent votre stress.

À vous de jouer !

Comme pour le sport, cette gymnastique du cerveau doit être régulière pour porter ses fruits. Pour le muscler en mode positif, adoptez ces quelques réflexes :

- Remplacez chaque pensée négative par une pensée positive. Votre N+1 a fait une remarque sur votre dernier dossier ? Pensez à toutes les autres fois où il vous a complimenté.
- Félicitez-vous de vos réussites, même petites ; listez vos qualités, vos capacités et vos points forts.
- Accueillez les compliments, sans les dénigrer (pas de « oui, mais j'aurais pu faire mieux » !).
- Souriez : même forcé, le sourire diminue le stress ! Et il est contagieux…
- Pratiquez l'altruisme : aider son prochain limiterait les effets néfastes du stress[13].
- Cultivez la gratitude : elle forge votre aptitude à déceler les petits bonheurs du quotidien.

- Ayez toujours un plan B : cela permet de faire baisser la pression et d'accueillir avec sérénité échecs et changements de programme. C'est aussi rester ouvert au champ des possibles, soit la définition même de la « sérendipité » : l'art ou la capacité de faire une découverte fortuite de résultats que l'on ne cherchait pas.
- Accordez-vous des moments de pause régulièrement. Reconnectez-vous à vos sens : ils savent ce qui vous fait du bien.

On arrête d'être *control freak*

Anticiper, organiser, baliser au maximum : cela vous rassure, mais c'est aussi générateur de stress. Et c'est voué à l'échec ! Il y a des choses qui sont de votre ressort, d'autres, non. Vous détacher du désir de maîtrise permet de ne pas vous fatiguer inutilement pour des éléments sur lesquels vous avez peu ou pas de prise. Relativisez, acceptez l'imprévu comme partie intégrante de l'existence pour ne plus le laisser alimenter votre stress. Si vous êtes **profil 2**, apprenez à lâcher un peu de lest sur votre désir de contrôle qui, au final, alimente votre stress davantage qu'il ne le limite. Ce petit exercice est pour vous !

À vous de jouer !

Notez trois situations qui, aujourd'hui, vous stressent. Pour chacune, posez-vous ces questions :

- Pouvez-vous avoir une action sur l'issue de cette situation ?
- Avez-vous tout fait pour que l'issue soit positive ?
- Si elle ne l'est pas, quelles seront les conséquences ?

On met la barre un peu moins haut

Le perfectionnisme est une qualité, mais aussi un terreau très fertile pour le stress ! À vouloir trop faire, trop bien, vous ne pouvez jamais relâcher la pression. Qu'est-ce qui se cache derrière cette « perfectionnite » aiguë ? Sans faire de la psychologie de bas étage, il y a souvent une faible estime de soi qui pousse à une quête permanente de reconnaissance.
Bien sûr, il ne s'agit pas de saboter votre travail, mais d'arrêter de toujours vouloir la perfection. Entre le médiocre et le parfait, il y a un monde...

À vous de jouer !

L'épreuve de réalité ? Non, ce n'est pas une nouvelle épreuve de Koh-Lanta, mais un outil phare des TCC. Le principe : faire une chose qui vous semble impensable. Ne pas consulter vos mails pros le week-end, prendre une vraie pause déjeuner d'une heure, dire non à quelqu'un qui vous demande un service. L'objectif : en confrontant les résultats de cette action à vos craintes, vous comprendrez que certaines choses sont loin d'être aussi graves que vous ne le pensez !

L'ordonnance santé

Par quel bout commencer ? Quel(s) conseil(s) appliquer en premier ? C'est peut-être la première question qui vous vient à l'esprit après la lecture de ce livre.

1. *Adoptez les gestes et les techniques permettant de ramener le calme* lorsque le stress pointe afin d'empêcher la machine de s'emballer. Le plus simple pour commencer ? La respiration abdominale. Testez ensuite d'autres techniques (respiration alternée, cohérence cardiaque, sophrologie) pour trouver celle qui vous convient le mieux.
2. *Soignez votre hygiène de vie.* À commencer par votre alimentation et votre sommeil. Apprenez à bien composer vos repas en fonction de la journée, intégrez les nutriments « antistress » à vos menus. Le soir, adoptez les règles du bien dormir et concoctez votre propre routine du coucher.
3. *Essayez de travailler sur votre état d'esprit.* Car le stress dépend en grande partie de votre perception de la situation. Prenez conscience de vos « lunettes déformantes » de la réalité, adoptez la pensée positive, acceptez de ne pas avoir prise sur certaines choses, soyez un peu moins exigeant envers vous-même. La méditation peut être d'une grande aide pour stopper cette petite roue du mental qui alimente les mécanismes du stress.
4. *N'hésitez pas à recourir aux coups de pouce des médecines douces,* comme les plantes adaptogènes en cas de stress intense, les plantes relaxantes en cas de troubles du sommeil, l'homéopathie, la digitopuncture, l'aromathérapie, etc.
5. *Prenez du temps pour vous, sans culpabiliser.* C'est un exutoire essentiel au stress. Le sport, les balades en pleine nature, le yoga, etc. : non seulement ces pratiques procurent du plaisir sur le moment, mais elles renforcent également vos systèmes antistress.

On se revoit dans 6 mois...

Quelques mois ont passé, il est temps de faire un petit bilan. Êtes-vous toujours aussi stressé ? Avez-vous réussi à enrayer la mécanique du stress ? À la faire ralentir ? À la démonter complètement ?

Sur une échelle de 1 à 10, évaluez votre niveau de stress.

Votre stress se manifeste par (nervosité, douleurs, troubles du sommeil...) :

....

À l'heure actuelle, quelles sont vos principales sources de stress ?
Essayez de les nommer le plus précisément possible.

....

....

	OUI	NON	Ce que vous avez testé	Ce que vous pourriez faire
Lorsque le stress pointe, vous arrivez à le désamorcer.				
Vous pratiquez régulièrement une activité de relaxation.				
Vous arrivez à lâcher prise.				
Vous prenez soin de vous, vous vous accordez des moments de plaisir.				
Vous dormez mieux.				
Vous mangez plus équilibré.				

Pour en savoir plus

Carnet d'adresses

Fédération française de cardiologie : www.fedecardio.org
http://therapie.cognitive.free.fr
ADM (Association pour le développement de la *mindfulness*) : www.association-mindfulness.org
Shiatsu France : www.shiatsu-france.com
Fédération française de shiatsu traditionnel : www.ffst.fr
Fédération française des réflexologues : www.reflexologues.fr
Syndicat professionnel des réflexologues : www.syndicat-reflexologues.com
Association française d'acupuncture : www.acupuncture-france.com
Syndicat national des médecins acupuncteurs français : https://acupuncture-medic.fr/
Lanutrition.fr

Bibliographie

Ma bible des points qui guérissent, Laurent Turlin, Alix Lefief-Delcourt, Leduc S. Pratique, 2018.

Mon cahier yoga, Géraldine Lethenet, Solar, 2019.

Le guide de la santé globale, Olivier et Valérie Broni, Larousse, 2019.

Explorez votre esprit quantique, Éric-Antoine Verheyden, Dr Christian Bourit, Trédaniel, 2020.

Homéopathie, le livre de référence pour se soigner au naturel, Dr Martine Gardénal, Trédaniel, 2018.

Mon p'tit cahier zéro charge mentale, Julie Martory, Solar, 2019.

6 ordonnances antistress, coll. dirigé par Dr Pierre Setbon, Thierry Souccar Editions, 2010.

Stop à l'anxiété sans médicaments, Dr Jerôme Palazzolo, Leduc.S Editions, 2017.

Mieux dormir et vaincre l'insomnie, Dr Joëlle Adrien, Larousse, 2014.

Le nouveau régime IG, Angélique Houlbert, Elvire Nérin, Thierry Souccar éditions, 2010.

Le grand guide de l'aromathérapie et des soins de beauté naturel, Aude Maillard, Aroma Zone, J'ai Lu, 2016.

Hector et les lunettes roses : pour aimer la vie, François Lelord, Odile Jacob, 2018.

Du stress à la dépression : nouveaux regards, Échos de la Micronutrition n° 50, Institut européen de diététique et micronutrition.

J'arrête de m'épuiser, Marlène Schiappa, Cédric Bruguière, Eyrolles, 2015.

Sources et références

1. Observatoire du stress au travail (OST), 2017, Cabinet Stimulus.

2. Monique Haicault, *La gestion ordinaire de la vie en deux*, Laboratoire d'économie et de sociologie du travail, 1984.

3. E. Wieduwild, M.J. Girard-Madoux, L. Quatrini, C. Laprie, L. Chasson, R. Rossignol, C. Bernat, S. Guia, S. Ugolini, *β2-adrenergic signals downregulate the innate immune response and reduce host resistance to viral infection*, J Exp Med, 2020.

4. *Relation between resting amygdalar activity and cardiovascular events: a longitudinal and cohort study*, The Lancet, 2017.

5. Haut Conseil à l'égalité entre les femmes et les hommes, rapport n°2017-05-29-SAN-027 publié le 29 mai 2017.

6. D. Carney, A. Cuddy, A. Yap : *Power Posing: Brief Nonverbal Displays Affect Neuroendocrine Levels and Risk Tolerance*, Psychological Science, 2010.

7. C. Bosch-Bouju, T. Larrieu, L. Linders, O.J. Manzoni, S. Layé : *Endocannabinoid-mediated plasticity in the nucleus accumbens controls vulnerability to anxiety after social defeat stress*, Cell Reports, 2016.

8. M.C. Hunter, B. Gillespie, S.e Yu-Pu Chen. *Urban Nature Experiences Reduce Stress in the Context of Daily Life Based on Salivary Biomarkers*, Front Psychol., 2019.

9 C.K. Ip, L. Zhang, A. Farzi, Y. Qi, I. Clarke, F. Reed, Y.-C. Shi, R. Enriquez, C. Dayas, B. Graham, D. Begg, J.C. Brüning, N. J. Lee, D. Hernandez-Sanchez, G. Gopalasingam, J. Koller, R. Tasan, G. Sperk, H. Herzo : *Amygdala NPY Circuits Promote the Development of Accelerated Obesity under Chronic Stress Conditions*, Cell Metabolism, 2019.

10. S. Kasper, A. Dienel : *Multicenter, open-label, exploratory clinical trial with Rhodiola rosea extract in patients suffering from burnout symptoms*, Neuropsychiatr Dis Treat., 2017.

11. G. Kaimal, K. Ra, J. Muniz : *Reduction of Cortisol Levels and Participants' Responses Following Art Making*, Art Therapy, 2016. Je n'arrive pas créer la note 11 et à décaler

12. M. Antonelli, G. Barbieri, D. Donelli : *Effects of forest bathing (shinrin-yoku) on levels of cortisol as a stress biomarker: a systematic review and meta-analysis*, Int J Biometeorol, 2019.

13. E. Raposa, H. Laws, E. Ansell : *Prosocial Behavior Mitigates the Negative Effects of Stress in Everyday Life*, Clin Psychol Sci., 2016.

Direction : Jean-Louis Hocq
Direction éditoriale : Marion Guillemet
Collaboration éditoriale : Stéphane Dellazzeri
Responsable d'édition du projet : Lama Younès Corm
Suivi de la production éditoriale : Camille Batschelet-Prieur
Conception de la maquette intérieure et de la couverture : Stéphanie Brepson
Photo de couverture : © Alex Mahieu
Correction : Judith Nouvion
Mise en pages : Nord Compo
Fabrication : Laurence Duboscq

© Éditions Solar, 2020, Paris
Tous droits de traduction, d'adaptation et de reproduction par tous procédés, réservés pour tous pays.

ISBN : 978-2-263-17227-4
Code éditeur : L17227/02
Dépôt légal : novembre 2020
Imprimé en France par l'imprimerie Clerc

Solar, un département Edi8
92, avenue de France
75013 Paris